*Edition Theophanie*

BAND 15

Manfred Ehmer

# Die Hermetik

## Der gnostische Yoga
## des Westens

Theophania
Verlag für Theurgie
und Metaphysik

*Die Hermetik. Der gnostische Yoga des Westens*
Band 15 der Reihe Edition Theophanie
Copyright © 2024 **Theophania Verlag**
Inhaber: Dr. Manfred Ehmer
Angerburger Allee 9, 14055 Berlin
E-Mail: manfred.ehmer@googlemail.com
Webseite: **https://www.manfred-ehmer.net**

Druck und Distribution: tredition GmbH,
Heinz-Beusen-Stieg 5, 22926 Ahrensburg

ISBN Softcover:      978-3-347-47480-2
ISBN Hardcover:      978-3-347-47481-9
ISBN E-Book:         978-3-347-47482-6

Das Werk, einschließlich seiner Teile, ist urheberrechtlich geschützt. Jede Verwertung ist ohne Zustimmung des Verlages und des Autors unzulässig. Dies gilt insbesondere für die elektronische oder sonstige Vervielfältigung, Übersetzung, Verbreitung und öffentliche Zugänglichmachung.

# Inhaltsverzeichnis

# Hermes Trismegistos – Seher, Prophet, Menschheitslehrer

### Wer war Hermes Trismegistos?

Der aus Ägypten stammende Weisheitslehrer Thot Hermes, der den Beinamen Trismegistos – der *Dreimalgrößte* – erhielt, gilt gemeinhin als der Begründer der Alchemie, die darum auch die „Hermetische Kunst" heißt. Aber wer war Hermes Trismegistos? Ein Gott? Ein Halbgott? Ein aus höchsten Geistesebenen Herabgestiegener? Oder eine historische Persönlichkeit? Wir wissen es nicht; seine Existenz ist bis heute noch nicht nachgewiesen, und doch galt er im Altertum als einer der größten Wissenden aller Zeiten. Seine Weisheit soll angeblich in vielen Büchern niedergelegt worden sein, nach Clemens Alexandrinus in insgesamt 42, davon 36 Bücher theologischen und astronomischen sowie 6 medizinischen Inhalts.

Von allen diesen Büchern ist indessen keine Spur mehr übrig geblieben. Erhalten hat sich lediglich ein in griechischer Sprache abgefasster Corpus von 15 Dialogen, der mit dem Poimandres-Dialog beginnt und unter dem Namen *Corpus Hermeticum* bekannt ist, außerdem der lateinisch abgefasste Dialog *Asclepius*, die von Stobaeus gesammelten Fragmente, ferner einige aphoristische Sätze unter dem Namen *Tabula Smaragdina* sowie zahlreiche Einzelschriften in lateinischer, griechischer und koptischer Sprache, die sich mit den verschiedensten Formen der Astrologie, der Weissagung und der Magie befassen. Diese magisch-astrologischen Schriften stammen von verschiedenen Autoren, wurden aber Hermes Trismegistos zugeschrieben. Das *Corpus Hermeticum*, zweifellos die bedeutendste aller hermetischen Schriften, die eindeutig den Geist einer spätantiken alexandrinisch-hellenistischen Gnosis atmet, dürfte keiner früheren Zeit als den letzten Jahrzehnten des 3. Jahrhunderts n. Chr. angehören.

Symbolisch aufzufassen ist allein schon der Name des unbekannten Verfassers der hermetischen Schriften; in ihm werden zwei Göttergestalten der antiken Welt synkretistisch miteinander verknüpft, der ägyptische *Thot* und der griechische *Hermes*. In Ägypten hatte der ibisköpfige Gott Thot, auch *Djehuti*, der im Neuen Reich (1559 bis 1200 v. Chr.) in Paviangestalt verehrt wurde, sein Kultzentrum in Hermopolis; er galt als Gott des Wissens, der Schrift und der Sprache. In einer Inschrift auf dem Sockel des Gütervorstehers Cheriuf, die aus der Zeit des Königs Amenophis' III. stammt, wird er als Lehrer aller möglichen Künste und Handwerke dargestellt: „So priesen Götter und Menschen seine Weisheit, mit der er die Gottesdienste und Opfer eingerichtet hatte. Er hatte die Menschen das Schreiben gelehrt und die Kunst der Rede. Er hatte die Beamten angewiesen, wie sie die Tempel und Paläste für Götter und Könige zu pflegen hätten. So wurde nichts von seiner Weisheit vergessen, auch nicht die Kunst des Handwerkes im Weben und Flechten, in Jagd und Ackerbau."[1]

Hermopolis, der Kultort des Thot, heißt wörlich übersetzt: *Stadt des Hermes*; die Wesensverwandtschaft zwischen Thot und dem griechischen Hermes kommt indessen nicht nur in diesem Namen zum Ausdruck. Nach Homer ist es Hermes, der „den Werken aller Menschen Anmut und Glanz verleiht" (Odyssee XV /319): er ist der Götterbote, der Mittler zwischen himmlischer und irdischer Welt, der Führer und Beschützer der Wanderer auf allen Wegen, aber auch der Führer der verstorbenen Seelen im Totenreich.

Darüber hinaus hat er als Gott der Kniffe und Listen auch einen Bezug zur Magie, und sein Stab Caduceus mag als Wanderer- wie auch als Zauberstab gelten. Seine Entsprechung in der germanischen Mythologie ist der Magier-Gott *Odin*, ein ewiger Wanderer gleich Hermes, der insbesondere die Schrift erfunden haben soll. Ob Odin, Hermes, Merkur, Thot – es ist ein und derselbe Wissensgott, gleich in welcher Gestalt er auftritt; immer hat er es mit der Sprache und dem Wort zu tun, besonders mit dem Zauberwort.

Hermes Trismegistos zählt zusammen mit Zarathustra, Pythagoras und Lao Tse zu den größten Geisteslehrern der Menschheit; Edouard Schuré hat ihm in seinem Buch *Die großen Eingeweihten* (1909) ein ganzes Kapitel gewidmet, und er gelangt zu der Ansicht, dass der Name Thot Hermes nicht nur eine einzelne Person bezeichnet, sondern auch eine Art Sammelbezeichnung darstellt. Schuré schreibt: „Hermes ist ein genereller Name wie Manu und Buddha. Er bezeichnet zugleich einen Menschen, eine Kaste und einen Gott. Als Mensch ist Hermes der erste, der große Eingeweihte Ägyptens; als Kaste ist er die Priesterschaft der okkulten Tradition; als Gott ist er der Planet Merkur, dessen Sphäre mit einer Kategorie von Geistern, von göttlichen Eingeweihten assimiliert ist."[2]

Die Wesensgestalt des Hermes Trismegistos trägt indessen nicht nur merkurische, sondern auch lunare Elemente in sich, zumal da der ägyptische Thot auch als zaubermächtiger Mondgott gesehen wurde; und es ist

nicht strahlende klare Sonnenweisheit, die in der Hermetik lebt, sondern tiefnächtliche Mondenweisheit: eine Welt der Magie, der Symbolik und des Unbewussten. Diese magische Mondenwelt wird indessen durchdrugen von der kristallklaren Erkenntniskraft des Merkur. Die Astrologie, Magie, Alchemie und das damit verknüpfte Orakelwesen stellt freilich nur eine Seite der Hermetik dar; aber ihre eher philosophische Seite, wie sie uns in den Schriften des *Corpus Hermeticum* entgegenleuchtet, ist im höchsten Sinne religiöse Philosophie, ja noch mehr, ein voll ausgebildetes System hellenistischer *Gnosis*, das die Gottwerdung des Menschen durch Gott-Erkenntnis zu erreichen trachtet.

Den Alchemisten des Mittelalters und der Renaissance wie auch den Esoterikern der Neuzeit, von Eliphas Levi bis Thorwald Detleffsen, gilt Hermes Trismegistos nur als Verfasser der *Tabula Smaragdina*. Ihre Hauptaussage wird zuweilen auf den bekannten Satz

„Wie oben, so unten" reduziert, der in manchen Kreisen als der hermetische Satz schlechthin gilt. Tatsächtlich enthält die Smaragdene Tafel 16 aphoristische Rätsel-sätze, die – wenn richtig gedeutet im Lichte der herme-tischen Philosophie – die vollständigen Grundlagen einer arkanologischen Wissenschaft enthalten. Das Wort Arkanum wird hier als gleichbedeutend mit dem Wort Mysterium verwendet, und eine arkanologische Wis-senschaft ist eine solche, die das Einweihungswissen mit dem Erkenntnisprinzip durchdringt. Im Folgenden sei der vollständige Wortlaut der Smaragdenen Tafel in deutscher Übersetzung zitiert:

1. Es ist wahr ohne Lüge, gewiss und sehr wahr:
2. Was das Untere ist, ist wie das, was das Obere ist.
3. Und das, was das Obere ist, dient wie das, was das Untere ist, um die Wunder einer Sache zu Stande zu bringen.
4. Und wie alle Dinge von einem her stammen, durch den Plan eines: so stammen alle geschaffenen Dinge von dieser einen Sache her durch Adoption.
5. Sein Vater ist die Sonne, seine Mutter der Mond.
6. Der Wind trug es in seinem Bauche, seine Nährerin ist die Erde.
7. Es ist der Vater aller Vollendung der ganzen Welt, seine Tugend ist vollkommen, wenn es in Erde ver-wandelt worden.
8. Trenne die Erde vom Feuer, das Subtile vom Dichten sukzessiv mit großer Geschicklichkeit.
9. Es steigt von der Erde zum Himmel und steigt dann wieder zur Erde hinab und erhält die Kraft der Oberen und Unteren.
10. So hast du den Ruhm der ganzen Welt.
11. Daher wird von dir fliehen jegliche Finsternis.

12. Das ist aller Stärke Stärke, weil sie jede subtile Sache besiegt und jede feste durchdringt.

13. So ist die Welt erschaffen.

14. Daher stammen die wundersamen Anpassungen, deren Maß dieses ist.

15. Deswegen heiße ich der dreimalgrößte Hermes, der ich habe drei Teile der Philosophie der ganzen Welt.

16. Es ist vollendet, was ich vom Wirken der Sonne gesagt habe.

Es hat schon Kommentatoren gegeben, die im Text der *Tabula Smaragdina* lediglich eine Gebrauchsanweisung zur Herstellung des Steins der Weisen sehen wollten, jenes magischen Universalmittels, das unedle Metalle wie Blei in Gold zu verwandeln vermag. Es ist indessen unsinnig, sich vorzustellen, dass der Stein der Weisen durch äußere Prozeduren und Operationen gewonnen werden könnte. Nein: Der Stein der Weisen, dieses Haupt-Arkanum der Alchemie, ruht vielmehr in unserem eigenen Inneren als unsere wahre, höhere Menschennatur! Der Stein der Weisen ist dasselbe, was der Mystiker Meister Eckhart als das Seelenfünklein und die indischen Meister als das Atman bezeichneten: unser höheres geistig-göttliches Selbst, das – wenn in rechter Weise erlöst – die Welt der Stofflichkeit durchlichtet und selbst die äußere physische Leiblichkeit unseres Körpers in eine höhere Geistleiblichkeit umwandelt. So und nur so ist die Aufforderung des Alchemisten Gerhard Dorn (16. Jahrhundert) zu verstehen: *Transmutemini in vivos lapides philosophicos*! – Verwandelt euch in lebendige Steine des Weisen!

Die *Tabula Smaragdina* soll der Sage nach zuerst von dem Magier Apollonios von Tyana (1. Jh. n. Chr.) aufgefunden worden sein; später gelangte sie in die Hände

des Priesterarztes Sergios von Ris-Aina (6. Jh. n. Chr.),
der den Text aus dem Altsyrischen ins Lateinische über-
setzte. In lateinischer Fassung ist die Smaragdene Tafel
des Hermes Trismegistos in Europa mindestens seit
dem 11./12. Jahrhundert n. Chr. bekannt, denn aus
dieser Zeit stammt ein ebenfalls in lateinischer Sprache
verfasster Kommentar hierzu von einem Mönch namens Hortulanus. Aber während die Smaragdene Tafel
in dunklen Rätselworten zu uns spricht, eigentlich nur
ein Raunen von Weltengeheimnissen, so präsentiert sich
das *Corpus Hermeticum* in einer kristallklaren philosophischen Sprache, die in erster Linie an Platon geschult
wurde, aber auch Einflüsse anderer Geistesströmungen
des Späthellenismus aufweist.

## Thot-Hermes, Merkur und Odin

Zwischen den Göttern *Thot, Hermes, Merkur* und *Odin*
besteht wesensmäßig kein Unterschied; sie erweisen
sich bei näherem Hinsehen als verschiedene Ausdrucksformen derselben Urwesenheit; denn Hermes ist der
*Logos*, das schöpferische Weltenwort. Assoziiert mit der
Aura und der spirituellen Ausstrahlung des Planeten
Merkur, ist Hermes der große Mystagoge, der Vermittler zwischen oberer und unterer Welt, der Offenbarer
aller göttlichen Geheimnisse. Er wirkt weiterhin als der
Seelenführer ins Totenreich, als Hüter und Entdecker
verborgener Schätze, Erfinder aller möglichen Künste
und Wissenschaften, nicht zuletzt als der Ur-Magier,
der den Verkehr zwischen Menschen und Göttern er-
möglicht. Dies alles entspricht dem Urprinzip der Ver-
mittlung, des Wortes, der Sprache in mündlicher oder
schriftlicher Form, bis hin zur mystischen Inkantation
und dem Zaubergesang. Einerlei in welches mythische
Bild man Hermes kleidet, welche besonderen Attribute

man ihm beilegt – seine Wesenheit bleibt doch unverändert die gleiche, und sie findet in den verschiedenen Religionen der Menschheit ihre stets übereinstimmende Ausdrucksform.

In dem ibisköpfigen Gott *Thot* oder *Dschehuti,* im Neuen Reich (1559–1200 v. Chr.) auch als Pavian dargestellt, sehen wir den ägyptischen Ausdruck der universalen Hermesgestalt. Ausgangspunkt seiner Verehrung war Hermopolis, der Hauptort des 15. unterägyptischen Gaues im Sumpfgebiet des nordöstlichen Nildeltas. Diese Lage lässt ihn schon früh zum „Herrn der Fremdländer" werden, was auch seine Funktion als Dolmetscher, Übersetzer, Deuter beinhalten mag. Daher auch unser heutiges Wort Hermeneutik. In erster Linie bleibt Thot aber der Wissensvermittler; die ihm zugeschriebene Ibisgestalt legt das für ihn so charakteristische „suchende" und „findende" Stochern im Schlamm nahe, was im übertragenen Sinne das Aufspüren verborgener Schätze bedeuten mag. Thot wurde nun irgendwann im Alten Reich – mit Sicherheit erst belegt durch die Sargtexte – nach Hermopolis übertragen und dort zum Hauptgott erhoben; die Paviangestalt hat er wohl von einem unbekannten Ort mitgenommen.

Als Gott des Wissens erhält Thot verschiedene Rollen in den ägyptischen Mythen: er ist es, der Seth und Horus im Streit voneinander trennt; er berechnet aus den Mondphasen die Zeit und erscheint daher als derjenige, der den Mond „füllt", als Zeitgott und Mondgott gleichermaßen, der die Mondsichel mit der Dunkelmondscheibe auf dem Haupte trägt. So kommt zu seinem merkurischen Charakter eigentlich nur durch die Zeitrechnung noch etwas Lunares hinzu. Dies Lunare, Mondhafte bleibt für Thot aber immer nebensächlich; er ist eigentlich ganz Merkur, und zwar im umfassendsten

Sinn des Wortes. Er berechnet die Lebensjahre des Königs und schneidet sie in einen Kerbstock ein; als Erfinder der Schrift und der Sprachen wurde er ganz selbstverständlich zum Schutzgott der Schreiber; andererseits prädestiniert ihn seine Tätigkeit als Zusammenfüger auch zum Restaurator der Leiche des Osiris. Von daher besteht auch eine Verbindung zur Heilkunst, und die enge Verbindung des Thot zum Heilgott Imhotep, dem Asklepios der Griechen, wird verständlich. Im Götterboot des Sonnengottes Re nimmt Thot die Stellung des Vesirs ein, und auf Grund seiner Schriftkenntnis wird er auch zum großen Zauberer, zum „Herrn der Gottesworte". Im Totenreich hat er die Aufgabe, als *Psychopompos* die Seelen der Gestorbenen vor das Osirisgericht zu führen; manchmal sitzt er als Pavian auf der Seelenwaage, um deren rechten Gang zu gewährleisten.

Am 19. des 1. Monats wurde in Ägypten schon früh ein Thotfest begangen, an dem auch die Toten teilnahmen und das dem ersten Monat den Namen gab. Als Bild des Thot hat man in der Spätzeit Ibisse in unendlicher Zahl mumifiziert und beigesetzt, nicht nur in Saqqara, wo zwischen Thot-Hermes und Imuthes-Asklepios eine Identität hergestellt wurde, sondern auch in Hermopolis. In griechisch-römischer Zeit wandelte Thot sich zum allgewaltigen Hermes Trismegistos, dem Schöpfer einer Geheimlehre heidnischer Gnosis, der im Mittelalter gar als Begründer der Alchemie galt. Gab es im Alten Ägypten schon Thot-Mysterien, die in die spätere Hermetik einflossen? Ja, gibt es nicht ein uraltes ägyptisches Weistum, auf das die hermetische Philosophie zurückgeht?

Gibt es eine ägyptische Urfassung, die dem *Corpus Hermeticum* zugrunde liegt – geheime, bisher unbekannte, vielleicht verschollene Texte, dem Gott Thot und seinen Mysten geweiht? Mag es zu irgendeinem Zeitpunkt ein okkultes *Buch Thot* gegeben haben, aus dem alle spätere Hermetik sich herleitet? Der Neuplatoniker *Jamblichos* im 3. Jahrhundert n. Chr. kennt nach seiner eigenen Aussage eine Sammlung hermetischer Schriften, die von einem gewissen *Bitys* aus dem Ägyptischen ins Griechische übersetzt wurden. Wenn die Urfassung des *Corpus Hermeticum* eine ägyptische war, Geheimschriften des Gottes Thot vielleicht, dann könnte die Hermetik ein weitaus höheres Alter aufweisen als man bisher angenommen hat; sie wäre dann wirklich uraltes Priesterwissen, das später von den Schriftstellern der Alexandrinischen Schule in Übereinstimmung mit der griechischen Philosophie gebracht wurde. Einen Hinweis auf die ägyptische Herkunft der Hermetica finden wir im *Sendschreiben des Asclepius an König Ammon*, wo dieser über die hermetischen Schriften sagt:

*„Und sie werden umso mehr in den zukünftigen Zeiten für verworren gehalten werden, insbesondere dann, wenn die Griechen darangehen werden, sie aus unserer Sprache in die ihrige zu übersetzen. Jede Übersetzung wird weithin den Sinn dieser Schriften zerstören und viel Verwirrung hervorrufen. In unserer Sprache ausgedrückt, wird die Lehre ihren klaren und eindeutigen Sinn beibehalten; und zwar auf Grund der eigenen Qualität der Laute. Wenn nämlich Ägyptische Laute gesprochen werden, wirken die Energien der bezeichneten Dinge unmittelbar in ihnen. Daher, mein König, so es in Deiner Macht steht (und ich weiß, Du bist allmächtig), lasse diese Schriften unübersetzt, dass ihre Geheimnisse nicht den Griechen offenbart werden mögen; – und dass die griechische Art zu sprechen, die ebenso überheblich wie geistesschwach ist und ständig mit Wortspielereien aufprunkt, nicht die Sprachgewalt und zwingende Stärke unserer Worte bis zur völligen Nichtigkeit herabziehe. Denn die Sprache der Griechen, mein König, ist ohne jede Kraft der*

*Überzeugung und die griechische Philosophie nicht mehr als bloßer Wortschwall. Aber unsere Sprache ist mehr als bloßes Reden; sie ist vielmehr eine mit Energien angefüllte Wesensäußerung."*[3]

Das okkulte *Buch Thot* aufzufinden, und das heißt, die ägyptischen Urfassungen der späteren Hermetica ans Licht des Tages zu ziehen, muss den Ägyptologen überlassen bleiben. In den Sargtexten des Mittleren Reiches – religiösen Sprüchen auf den Särgen von Beamten – hören wir zum ersten Mal von einem „Gottesbuch des Thot"; und ein gewisser Amenophis aus der Zeit Pharao Amenophis III., der die Aufstellung der Menonskolosse leitete, sagt auf einer seiner Statuen im Tempel von Karnak (um 1360 v. Chr.): „Ich wurde eingeführt in das Gottesbuch, ich sah die Verklärungen des Thot und wurde ausgerüstet mit ihren Geheimnissen."

Das Gottesbuch des Thot könnte die hermetischen Urlehren enthalten haben. „Neuerdings", schreibt der namhafte Ägyptologe Erik Hornung in seinem Buch *Das esoterische Ägypten* (1999), „ist ein demotisch, d. h. in der späteren Alltagsschrift, verfasstes 'Buch des Thot' aufgetaucht, das wohl im 1. Jahrhundert v. Chr. entstanden und auf mehreren Papyri des 2. Jahrhunderts n. Chr. erhalten ist. Es überliefert einen Dialog des Thot und des Osiris mit einem Schüler; Thot informiert dabei über Dinge der Unterwelt, der Ethik der heiligen Geographie Ägyptens, über geheime Sprachen und Mysterien. (....) Einmal wird der Name des Thot mit dem dreifachen Adjektiv 'groß' versehen, also im Grunde bereits als Trismegistos gesehen."[4]

Aus Thot wurde Thot-Hermes und aus diesem Hermes Trismegistos. Der griechische Gott *Hermes* zeigt sich als eine sehr komplexe, schillernde Gestalt – Wanderer, Magier, Kaufmann und Schelm zugleich. Der

Mythos nennt ihn den Sohn des Zeus und der Nymphe Maia; ursprünglich war er wohl nur der Patron der Reisenden, worauf seine klassischen Attribute: Wanderstab, breitkrämpiger Hut und geflügelte Schuhe hinweisen sollen. Sein Name hängt etymologisch zusammen mit dem griechischen Wort *hermaion*, d. h. Steinhaufen. Solche Steinhaufen, die den Wanderern zur Orientierung überall aufgestellt waren, galten dem Hermes ebenso als geheiligt wie die vor den Häusern stehenden *Hermen*, pfeilerförmige Bilddenkmale mit menschlichem Kopf, die als Weg- und Grenzmale dienten, aber auch den Bewohnern der Häuser Schutz spenden sollten.

Hermes besitzt durchaus eine innere Zwiespältigkeit. Nach Homer ist es Hermes, der „den Werken aller Menschen Anmut und Glanz verleiht" (Odyssee XV/319); die Homerischen Götterhymnen nennen ihn hingegen den „verschlagenen, listigen Schmeichler, ihn, den Rinderdieb und Räuber, den Lenker der Träume, Hermes, den mächtigen Späher und Pfortenhüter". Dies bezieht sich darauf, dass Hermes der Sage nach seinem Bruder Apollon eine Rinderherde raubte; als der Diebstahl herauskam, schenkte er dem Sonnengott als Entgeld jene Leier, die er auf den Bergen Arkadiens einst aus dem Panzer einer Schildkröte geformt hatte. Als Gott der Hirten besaß er die magische Fähigkeit, die Herden zu vermehren. Sein Wanderstab konnte auch als Zauberstab gelten; er konnte die Menschen damit einschläfern und wieder aufwecken, wurde aber auch als Heroldsstab gedeutet.

Neben den Einzelaufgaben, mit denen ihn die olympischen Götter betrauten – vor allem die Funktion des Götterboten –, führte Hermes als *Psychopompos* die Seelen der Verstorbenen ins Totenreich. In diesem Zusammenhang gehört es, dass man ihm am dritten Tag der

Anthesterien, die als Frühlings- und Totengedenkfest begangen wurde, Töpfe mit Speisen hinstellte: als Opfergabe und zugleich zum Gedächtnis an die Toten. Als Seelengeleiter der Gestorbenen verschmolz Hermes mit der Gestalt des *Charon*, jenes Fuhrmanns, der die Toten über die Unterweltsflüsse Styx, Acheron usw. setzte und sie zu den Gestaden des Hades brachte.

Soweit das herkömmliche Bild des Hermes; erst im Hellenismus unter ägyptischem Einfluss änderte es sich grundlegend: Hermes nahm zunehmend die Züge eines mystischen Allgottes an. In den spätantiken Mysterienkulten wuchs er zu einer Universalgestalt heran: Sonnengott und Weltenherrscher, Logos und Nous zugleich. Als Seelenführer setzte ihn der antike Synkretismus mit dem persischen Mysteriengott *Mithras* gleich, wie auf dem Grabmonument des Antiochus aus Kommagene auf dem Nemrud-Dagh dargestellt. Daneben tritt Hermes auch als menschliche Person auf, als ein Eingeweihter und Weiser.

Im Dialog *Asclepius* erscheint er als ein echter Gottmensch, in dem sich menschliche und göttliche Natur untrennbar miteinander verschwistern. Eine bisher nie gekannte Steigerung seiner Gottnatur erfährt Hermes Trismegistos in dem Nag-Hammadi-Text *Über die Achtheit*, wo Tat ihn als „göttliches Sein" und „Herrn des Universums" anspricht: *„Vater Trismegistos, lass' meine Seele nicht die große göttliche Vision entbehren. Denn für Dich als Herrn des Universums ist alles möglich."*

Eine der rätselvollsten, vieldeutigsten und unheimlichsten Ausdrucksformen der Hermes-Gestalt ist der nordgermanische Magier-Gott *Odin*, bei den Südgermanen *Wodan / Wuodan* genannt, der – wie Hermes mit dem Planeten Merkur in Verbindung gesetzt – dem Mittwoch als dem Merkurstag, *dies mercurii*, zugeordnet wurde. „Kein Gott bei den verwandten Indogermanen gleicht Wodan mehr als Hermes-Merkur, der auf ähnliche Art wie Wodan aus einem Windgott zu einem Gott des Geistes sich entwickelte" sagt W. Golther in seinem *Handbuch der germanischen Mythologie* (1908)[5]. Wodan oder Odin ist gleichsam der Hermes Trismegistos des europäischen Nordens, ein Mystagoge auf dem Wege der Einweihung, ein Herr des Zauberwissens und Erfinder heiliger Schriftzeichen wie der ägyptische Thot, aber auch ein Kriegsgott, Schlachtengott („Walvater"), Totengott und Seelenführer der Gestorbenen im Jenseits. Doch gerade der Bezug zum Kriegswesen unterscheidet Odin von anderen merkurischen Göttern und verleiht ihm etwas besonders Schreckliches. Auch äußerlich gleicht Odin nicht den jünglinghaften Hermes-Gestalten der griechischen Mythologie: ein alter Schamane, einäugig und vollbärtig, mit breitem Hut auf dem Haupte und einem langen wehenden Mantel angetan: so wird er dargestellt, wie er in wilden Sturmnächten mit einer unheimlichen Heerschar von Geistern durch die Lüfte braust.

Brachte Thot den Menschen einst die Hieroglyphen, so gab ihnen Odin die Runen, beides magische Alphabete, in denen Zauberkraft beschlossen lag. In den eddischen Runenliedern wird geschildert, wie sich Odin selbst einem mühevollen Einweihungsweg unterziehen musste, um das Runenwissen zu erwerben; ein Weg des Selbstopfers war hierfür vorgesehen. Das Beispiel Odins zeigt indes, dass es eine dem Thot-Hermes entsprechende Gottheit auch bei den Germanen gab (und bei den Kelten: der gallische *Lugus* ), was deutlich die Universalität der Hermes-Wesenheit aufzeigt.

# Die Bruderschaft der Meister

Hermes Trismegistos war als Abgesandter aus der Geistigen Welt zur Erde hinabgestiegen, um urewige Weisheit zu lehren – in Gestalt der Hermetik und der esoterischen Alchemie. Und als ewige Weisheit darf das *Corpus Hermeticum* in der Tat gelten; denn in seinem Mittelpunkt steht ja ein Weltbild der wechselseitigen Entsprechung von Mikro- und Makrokosmos sowie das Geheimnis der Gottwerdung des Menschen.

Was Gautama Buddha für die Völker des Ostens war, der große Geisteslehrer und Wegbereiter zur Erlösung, dasselbe bedeutet Hermes Trismegistos für die Völker und Kulturen der westlichen Hemisphäre. Denn das Ziel allen hermetischen Strebens ist ja die Theogenesis, die Gottwerdung des Menschen und seine Einswerdung mit dem All-Einen, buddhistisch gesprochen, das Eingehen ins Nirwana. Buddha und Hermes sind in jeder Hinsicht Parallel-Gestalten; deshalb sagt auch Helena P. Blavatsky, die Begründerin der modernen Theosophie: „Die Geheimlehre des arischen Ostens findet sich unter ägyptischer Symbolik und Ausdrucksweise wieder in den Büchern des Hermes"[6]. Der folgende Abschnitt aus dem hermetischen Buch *Kore Kosmou* gibt deutlich zu erkennen, dass es sich bei Hermes Trismegistos und seinen Jüngern um „aufgestiegene Meisterseelen" handelt:

*„Solange jener höchste Künstler, der das Universum schuf, nicht erkannt werden wollte, blieb alles in Unwissenheit eingehüllt. Aber als er beschloss, sich zu offenbaren, blies er bestimmten gottähnlichen Menschen den leidenschaftlichen Wunsch ein, ihn zu erkennen; und er pflanzte ihrem Geist eine Strahlkraft ein, die weitaus größer war als jene, die sie schon in ihren Herzen trugen; und so werden diese die ersten sein, die diesen immer noch unbekannten Gott suchen*

werden, und sie besitzen auch die Macht, ihn zu finden. Aber dies, mein wunderbarer Sohn Horus, wäre nicht allen Menschen aus der Brut der Sterblichen möglich gewesen, wenn sich nicht Einer erhoben hätte, dessen Seele empfänglich war für den Einfluss der Heiligen Mächte im Himmel. Und dieser war Hermes, der das Allwissen erlangte. Hermes war in der Lage, Alles zu sehen, Alles Gesehene zu verstehen, und er hatte das Vermögen, das Verstandene den anderen zu erklären – und doch tat er dies nur mit Vorbehalt. Denn was er entdeckte, das schrieb er auf Tafeln nieder und versteckte diese Inschriften sorgfältig, wobei er den größeren Teil ungesagt ließ, damit die Welt in späteren Zeiten danach suche.

Und Hermes, nachdem er gebeten wurde, den Göttern beizuwohnen, denen er stammverwandt war, stieg zu den Sternen auf; ihm aber folgte Tat, der sein Sohn war, und somit Erbe all des Wissens, das Hermes erlangt hat; und nicht viel später folgte ihnen Ascelpius, auch Imuthes genannt, der Sohn des Ptah, der auch Hephaistos heißt, und danach kamen all die vielen anderen Menschen, die nach dem Willen der Vorsehung, die über alles regiert, dazu ausersehen waren, mit größter Genauigkeit die Wahrheiten der Himmlischen Lehre zu ergründen. Aber Hermes übergab die Lehre in ihrer ganzen Vollständigkeit selbst seinem eigenen Sohn nicht, denn Tat war damals noch sehr jung. Und so sprach Hermes: 'Ich habe mit den allsehenden Augen des Geistes die unnennbaren Dinge des Himmels gesehen, und als ich sie untersuchte, gelangte ich zwar langsam und stufenweise, doch immerhin stetig zu einer genauen Kenntnis der Wahrheit. Dies alles habe ich schriftlich niedergelegt; und nun muss ich nahe der Heiligtümer des Osiris diese heiligen Symbole der kosmischen Elemente verwahren, und, nachdem ich ein Gebet über sie gesprochen, zum Himmel aufsteigen.'

Es wäre nicht passend, mein Sohn, wenn ich diesen Bericht unbeendet lassen würde; ich muss Dir also alles widergeben, was Hermes sagte, als er seine Bücher in Verwahrung

*gab. Und so sprach er: 'Ihr heiligen Bücher, die ihr von mei-*
*nen vergänglichen Händen geschrieben wurdet, aber gesalbt*
*seid mit den Wassern der Unvergänglichkeit von dem, wel-*
*cher der Herr über Alles ist, verbleibt hier ohne Verfall den*
*Lauf der Zeiten hindurch, und bleibt unentdeckt von allen*
*Menschen, die über die Felder dieses Landes auf- und abge-*
*hen, bis zu der Zeit, da der Himmel, älter geworden, solche*
*Organismen hervorbringt, die Eurer würdig sind.' Nachdem*
*er dies Gebet über das Werk seiner Hände gesprochen hatte,*
*ward Hermes in das Heiligtum der ewigwährenden Zonen*
*eingelassen."*[7]

Die großen Meister des Ostens, *Mahatmas* genannt, entsprechen jenen Geistwesen, die in der christlichen Religion als Heilige oder Nothelfer, im Buddhismus als Boddhisatvas bezeichnet werden – sie sind Freunde, Helfer und Förderer: Wegbegleiter der Menschheit auf ihrer Pilgerreise zum ewigen Licht. Die langjährige Leiterin der Theosophischen Gesellschaft, Annie Besant (1847–1933), sagt von dem Begriff Meister, dass er „gewisse menschliche Wesen bezeichnet, die ihre menschliche Entwicklung vollendet und menschliche Vollkommenheit erlangt haben, die, soweit unser Teil des Sonnensystems in Frage kommt, nichts mehr zu lernen haben, die, wie die Christen sagen, ‚erlöst' und nach den Hindus und Buddhisten ‚befreit' sind"[8.] Diese Meister nun leben im Schwingungsfeld einer weltumfassenden Weißen Bruderschaft, die auf vielfältige Weise in das Geistesleben der Menschheit hineinwirkt.

Auf der Stufenleiter der Evolution stehen die Meister oder Mahatmas auf halbem Weg zwischen Menschen und Göttern. Gottfried von Purucker führt aus: „Die Meister oder Mahatmas sind höher evolvierte Menschen, die seit vielen menschlichen Rassen, die uns vorangingen, an der Spitze der Evolution stehen. Sie sind

Menschen, die die Kräfte und Fähigkeiten des inneren Gottes hervorgebracht haben, die sich im gegenwärtigen Menschen nur schwach zum Ausdruck bringen. (...) In früheren Zeitaltern waren sie Menschen wie wir, in zukünftigen Zeitaltern werden sie Götter sein, wie wir in der Tat einmal ebensolche werden können, wenn das Schicksal der menschlichen Rasse auf diesem Planeten in ferner Zukunft sein Ende der gegenwärtigen kosmischen Evolutionsperiode erreicht haben wird."[9]

Das Eingehen in das göttliche Licht ist das Ziel aller menschlichen Geistfunken; das Ende ihrer langen Pilgerschaft durch die Reiche der Materie. Die Meister der Weisheit haben dieses Ziel bereits erreicht; daher können sie mit Recht als die Älteren Brüder der Menschheit bezeichnet werden; und nicht zuletzt sind sie auch die eigentlichen Lehrer der Theosophie. Einige der Meister des Ostens sind inzwischen namentlich bekannt geworden – etwa *Morya* und *Kut Hoomi*; sie veranlassten die Gründung der Theosophischen Gesellschaft im Jahre 1875 und inspirierten den Großteil der damaligen theosophischen Literatur.

Den Meistern des Ostens steht, als wesenhafte Ergänzung, die – stets im Geheimen arbeitende – hermetische Bruderschaft des Westens gegenüber, der auch ein Geisteslehrer wie Christian Rosenkreutz angehörte. Im alchemistischen Schrifttum wird immer wieder auf die Existenz von „hermetischen Meistern" verweisen, die oft als übernatürliche, ja halbgöttliche Wesen geschildert werden. Sie gleichen den indischen Yogis und Adepten, da sie über alle Beschränkungen von Raum und Zeit hinausgewachsen sind und materiellen oder physikalischen Gesetzen nicht mehr unterstehen.

In seiner *Geschichte der hermetischen Philosophie* (1742) weiß Langlet du Fresnoy von jenen sagenhaften Meistern der Hermetik folgendes zu berichten: „Sie sind weder dem Hunger noch dem Durst, weder dem Alter noch irgendwelchen anderen natürlichen Beschwerden unterworfen. Sie erkennen durch unmittelbare Offenbarung, wer würdig ist, in ihre Gesellschaft aufgenommen zu werden. Sie können in jeder Epoche so leben, als ob sie seit dem Anfang der Welt existiert hätten und bis zum Ende der Jahrhunderte bleiben sollten. Sie vermögen die mächtigsten Geister und Dämonen zu bezwingen und sich dienstbar zu machen."[10]

Der berühmte Magier und Alchemist Cagliostro (1743–1795), der selbst der hermetischen Bruderschaft angehörte, sagt von sich: „Ich gehöre keiner Zeit und keinem Orte an; außerhalb von Zeit und Raum lebt mein Geistwesen seine ewige Existenz; und wenn ich mich in meine Gedankenwelt vertiefe, den Lauf der Jahrhunderte zurückverfolge und meinen Geist in eine Seinsweise versetze, die weit entfernt von derjenigen ist, die ihr wahrnehmt, werde ich, was ich sein will. Da ich bewusst am absoluten Sein teilhabe, passe ich meine Handlungsweise der Umgebung an, die um mich ist; mein Land ist dasjenige, in dem ich augenblicklich den Schritt anhalte ... Ich bin derjenige, der ist ... frei und Herr des Lebens. Es gibt Wesen, die keine Schutzengel mehr haben: Ich bin eines von ihnen."[11]

Die Ähnlichkeit dieser hermetischen Meister mit den Mahatmas der Theosophie – auch sie Erleuchtete, Halbgötter, übernatürliche Wesen – fällt deutlich genug ins Auge. Vielleicht gibt es sie ja tatsächlich, diese geheime Bruderschaft von Wissenden, zum göttlichen Licht Aufgestiegenen, die ihre Aufgabe darin sehen, den von ihnen beschrittenen Weg zum Heil auch der restlichen Menschheit zu weisen.

## Hermes – eine historische Person?

Die frühesten Belege für die Existenz einer gnostischen Geheimlehre des Hermes Trismegistos finden sich erst in der Literatur der Kirchenväter, so bei Cyrill, Athenagoras, Tertullian, Laktanz und bei dem einflussreichsten Kirchenlehrer der ausgehenden Antike, Augustinus (354–430). Sie alle kennen einen in Dialogform abgefassten Corpus von hermetischen Schriften, aus dem sie Bruchstücke zitieren; Augustinus geht indessen noch weiter, indem er uns einen mythischen Stammbaum des Hermes Trismegistos mitteilt, der Rückschlüsse auf seine historische Existenz erlaubt. In seinem Hauptwerk *Der Gottesstaat* schreibt Augustinus:

„Denn was jene Philosophie betrifft, die angibt, etwas zu lehren, wodurch die Menschen selig werden [die hermetische Philosophie], so wurden ihre Studien in jenen Ländern [Ägypten] erst ungefähr zur Zeit des Mercurius, den sie Hermes Trismegistos nannten, berühmt. Das war zwar lange vor den Weisen oder Philosophen Griechenlands, aber doch nach Abraham, Isaak, Jakob und Joseph, ja sogar später als Moses. Denn man hat ermittelt, dass zur Zeit der Geburt Mosis Atlas gelebt hat, der Bruder des Prometheus und mütterlicher Großvater des älteren Mercurius, dessen Enkel jener Mercurius (Hermes) Trismegistos gewesen ist."[12]

Hier haben wir zunächst einmal zwei Hermes, einen älteren und einen jüngeren; letzter ist der Enkel des älteren und zugleich der Begründer der hermetischen Philosophie. In seinem Dialog *Asclepius* sagt der Dreimalgrößte Hermes selbst, dass er einen Großvater habe, der auch Hermes hieß. Und dessen Großvater soll Atlas gewesen sein! Hier freilich geht der Stammbaum ins Mythische über; die Menschen erscheinen als mit den Göttern verschwistert, indem sie von diesen abstammen. Atlas galt bei den Griechen als der Sohn des Titanen Japetos und der Okeanide Klymene, auch als Bruder des Prometheus, und er hatte die Aufgabe, das Himmelsgewölbe zu stützen. Die Alten sahen in diesem Atlas bald die Personifizierung der Weltensäule, bald den legendären König von Atlantis, nach dem Bericht Platons, bald den großen Astronomen, Mathematiker und Philosophen. Seine zahlreichen Töchter teilen sich in drei Gruppen: die Plejaden, die Hyaden und die Hesperiden. Zu den Töchtern des Atlas gehört auch Maia („Mutter"), die Mutter des Götterboten Hermes, dessen Vater Zeus ist. Anfänglich war Maia nur eine lokale Spielart der Muttergottheit, dann die erste der Nymphen des arkadischen Kyllene-Gebirges, in dessen Höhle sie ihren Sohn Hermes empfing und gebar. Indes lässt der Hermes-Mythos die Gestalt der Maia wenig hervortreten; Züge einer Schatzhüterin sind ihr wohl erhalten geblieben. Seit Hesiod und Simonides wurde die Berggöttin Maia unter die Plejaden eingereiht. Wir können nun folgenden Stammbaum aufstellen: Atlas → Maia & Zeus → Hermes der Ältere → Hermes Trismegistos.

Somit steht Hermes Trismegistos in einer illustren Ahnenreihe, die bis auf Atlas, den himmelstützenden Titanen, zurückgeht. Und nun sagt Augustinus, dass eben dieser Atlas (oder vielleicht ein König gleichen Namens?) „zur Zeit der Geburt Mosis" gelebt habe. Das Wirken des Hermes Trismegistos in Ägypten glaubt er, wie wir gehört haben, „lange vor den Weisen oder Philosophen Griechenlands", aber „nach Abraham, Isaak, Jakob und Joseph, ja sogar später als Moses" ansetzen zu können. Diese Worte des Kirchenvaters beinhalten eine recht konkrete Zeitangabe: Die historische Lebenszeit des israelitischen Stammesführers Moses dürfte im Neuen Reich, wohl zwischen der 19. und 21. Dynastie liegen; der Auszug israelitischer Stämme aus Ägypten dürfte sich um 1250 v. Chr. zugetragen haben. Die „Philosophen Griechenlands" beginnen in der kleinasiatischen Landschaft Ionien ab ca. 600 v. Chr. öffentlich aufzutreten: von Thales (624–546), Anaximander (611–546) und Anaximenes (586–525) bis zu Pythagoras (580–500) und Heraklit (535–470).

Es bleibt also ein Zeitraum, der sich ganz grob zwischen 1250 und 600 v. Chr. aufspannt: hier könnte sich die Lebenszeit des Hermes Trismegistos abgespielt haben, falls er denn je mehr gewesen ist als eine bloße Legende. Er wäre sodann ein Zeitgenosse der israelitischen Könige Saul (um 1010), David (1006–969) und Salomo (966–926) gewesen, ein Zeitgenosse auch der Religionsstifter Konfutsius und Lao-Tse im Alten China. Er wäre der Zeuge einer Zeit gewesen, da im Industal die spätvedische Kultur, in Griechenland die mykenische Kultur sich ihrem Ende entgegenneigte. Einer Zeit auch, da in Hellas das Mysterienwesen noch in hoher Blüte stand: man denke etwa an das Orakel von Delphi, an die Kultstätten von Eleusis und Samothrake – lange vor dem Auftreten der ersten Philosophen, Jahrhunderte vor dem Weisen Solon (640–561), und noch mehr Jahrhunderte vor Pythagoras, Heraklit und Platon.

Die historische Lebenszeit des Hermes Trismegistos würde demnach in einen größeren Zeitraum hineinfallen, der sich in etwa zwischen dem 13. und dem 6. Jahrhundert v. Chr. aufspannt. Dieser Zeitabschnitt ist in der Geschichte Ägyptens politisch und kulturell eine Zeit des Niedergangs und des Verfalls gewesen. In der Spätzeit, von der 25. Dynastie an, ist Ägypten nur noch von Fremdvölkern beherrscht worden: ab 662 v. Chr. von dem Assyrerkönig Assurbanipal, ab 525 vom Perserkönig Kambyses, ab 332 von Alexander dem Großen und seinen Diadochen, ab 30 v. Chr. von den Römern. Und diese Niedergangszeit ist von Hermes Trismegistos schon vorhergesehen worden, sagt er doch in der Schrift *Asclepius* eine Zeit voraus, „wo die Ägypter umsonst frommen Sinnes die Götter anbeten werden; und all unsere heilige Andacht wird nutzlos und unwirksam gefunden werden. Denn die Götter werden von der Erde zum Himmel zurückkehren; Ägypten wird dann verlassen sein; jenes Land, das einst die Heimstatt der Religion genannt wurde, wird leer zurückbleiben, der Anwesenheit der Götter beraubt. Fremde werden sodann dieses Land und diese Region anfüllen (....)."[13]

Wenn Thot-Hermes nun tatsächlich ein „Zeitgenosse des Moses" war, der den Niedergang Ägyptens in der Spätzeit voraussagte – wie passt es denn damit zusammen, dass die ihm zugeschriebenen Schriften, vor allem das *Corpus Hermeticum*, eindeutig aus einer hellenistisch geprägten spätantiken Zeit stammen? Sind sie nicht ganz zweifelsfrei ein Produkt der so genannten Alexandrinischen Schule, der auch Philon, Ammonios Sakkas und Plotin entstammen, aus der Zeit zwischen 250 und 350 n. Chr.? Klafft da nicht eine Lücke von mehr als einem Jahrtausend zwischen dem Leben des Hermes Trismegistos und seinen Schriften?

Gewiss, eine solche Lücke ist vorhanden, aber wäre es nicht denkbar, dass es mehrere Personen mit dem Namen Hermes gegeben hat, Ältere und Jüngere, Frühere und Spätere, Götter und Menschen? Vielleicht kann man Edouard Schuré beistimmen, der in seinem Buch *Die Großen Eingeweihten* (1909) die Ansicht äußert, dass der Name Thot-Hermes eine Sammelbezeichnung darstellt: „Hermes ist ein genereller Name wie Manu oder Buddha. Er bezeichnet zugleich einen Menschen, eine Kaste und einen Gott. Als Mensch ist Hermes der erste, große Eingeweihte Ägyptens; als Kaste ist er die Priesterschaft der okkulten Tradition; als Gott ist er der Planet Merkur, dessen Sphäre mit einer Kategorie von Geistern, von göttlichen Eingeweihten assimiliert ist."[14]

Wer war also dieser Thot-Hermes, der auch der Dreimalgrößte genannt wird, als historische Persönlichkeit? Wer war dieser Schöpfer einer gnostischen Geheimlehre, deren Wirkung sich auf das frühe Christentum, die jüdische Mystik, die Alchemie, die gesamte arabische Philosophie, Astronomie und Medizin erstreckte? War er überhaupt ein Mensch, oder nicht vielmehr ein Gott – oder ein aus eigener Kraft zu den Göttern Aufgestiegener? Lehrt nicht die Hermetik selbst, dass der Mensch ein seinem Ursprung nach göttliches Wesen ist, das sich aus Unwissenheit und Irrtum an diese Welt der Materie gekettet hat, aus der es sich aber durch echte Gott-Erkenntnis wieder befreien kann? Zeigt die Hermetik nicht einen Weg der Selbst-Gottwerdung? In diesem Sinne schrieb auch Novalis, damit Wesen und Hauptziel der hermetischen Einweihung zusammenfassend: „Wir werden die Welt verstehn, wenn wir uns selbst verstehn, weil wir und sie integrante Hälften sind. Gotteskinder, göttliche Keime sind wir. Einst werden wir sein, was unser Vater ist."[15]

# Die Ursprünge der Hermetik in Atlantis und Ägypten

## Atlantische Ursprünge der Hermetik

Die Hermetik geht – wie alle westlichen Einweihungslehren – auf atlantische Ursprünge zurück. So schreibt Maria Szepes in ihrem Buch *Academia Occulta*: „Die Hermetik ist die älteste Universalreligion. Tatsächlich ist sie die Synthese der Religion, der Philosophie und der Wissenschaft, und in dieser Konstruktion die Analogie der Einheit der physischen, astralen und mentalen Ebene, der einswesentlichen großen Dreifaltigkeit. (....) Die Hermetik, welche die drei Faktoren in ausgewogenem Maße anwandte, stammt aus Atlantis und hat nie aufgehört, die uralte Weisheit zu verkünden. Die großen Geister aller Epochen waren allesamt Adepten der Hermetik. (....) Wie bereits erwähnt, sind alle Geheimwissenschaften, alle späteren magischen und wissenschaftlichen Kulturen atlantischer Herkunft, obwohl dieser wunderbare Kontinent durch eine von mächtigen, dämonischen, aber intelligenten Kräften hervorgerufene Katastrophe von der Erdoberfläche radiert wurde. Jene Kulte, die mit ihren seltsamen Hinweisen, mit ihren Symbolen, deren Sinn zum größten Teil verlorengegangen ist, die Kultur der Chaldäer, Ägypter, Inder, Chinesen und Inkas durchtränkten, bildeten in Atlantis eine Einheit, die alle Lebenserscheinungen umfasste: das Gesetz, die praktischen Methoden für das Führen der Gemeinschaft.

Demnach ist also Atlantis auch als die Quelle der Geheimpraxis der Hermetik anzusehen."[16]

Sonnenkultzentren wie *Stonehenge*, die *Externsteine*, die *Pyramiden von Gizeh* oder die Indianer-Pyramiden Mittelamerikas weisen allesamt auf einen gemeinsamen Ursprung hin, auf einen vor Urzeiten untergegangenen Inselkontinent im zentralen Atlantik, den wir seit Platon *Atlantis* nennen. Dieser Brückenkontinent zwischen Europa und Amerika muss geologisch schon in der Trias-, Jura- und Kreidezeit vorhanden gewesen sein, als Restbestand älterer erdgeschichtlicher Formationen, und noch im Tertiär, der Erdneuzeit, große Ausdehnung besessen haben. Auf diesem Landgebiet inmitten des Atlantiks muss eine prähistorische Hochkultur existiert haben, deren kulturelle Ausstrahlung offensichtlich bis nach Ägypten, West- und Mitteleuropa sowie Alt-Amerika reichte.

Es gibt übrigens eine geomantische Kraftlinie, die von *Uppsala*, dem großen germanischen Tempelheiligtum in Schweden über die Externsteine bis nach *Salvages* reicht, einer kleinen felsigen Inselgruppe im Atlantischen Ozean südlich von Madeira, vulkanischen Ursprungs und unbewohnt. Diese Inseln gelten wie die Kanarischen Inseln als Reste des untergegangenen Atlantismassivs. Die Ureinwohner der Kanaren, die *Guanchen*, hält man für eine Restgruppe degenerierter Atlanter. Sie werden beschrieben als eine hellhäutige, europide Rasse von Menschen, die eine symbolische Weltensäule verehrten und ansonsten auf dem kulturellen Niveau der Jungsteinzeit lebten. Wer sich mit den ältesten Wurzeln europäischer Spiritualität befasst, der wird zu einer Quellreligion des Geistes vorstoßen, deren zentrales Thema das *Mysterium der Sonne* ist. Die Verehrung der Sonne als Gestirn und Gottheit ist an sich uralt. Der Mensch der Altsteinzeit, der vor über 30.000 Jahren in den Höhlen von Altamira und Lasceau lebte – für ihn waren Sonne, Mond und Sterne magisch-numinose Wesen, die er mit frommer Scheu verehrte. Aber seine Sonnenverehrung war noch reine Gestirnsverehrung, und die von ihm angebetete Gottheit war noch mit der physischen Sonne identisch. Erst auf einer viel höheren Stufe der religiösen Entwicklung wird die physische Sonne, die täglich auf- und untergeht, als Abbild und Symbol des Sonnengottes gesehen, der zwar wohl in der Sonne wohnt, aber nicht unbedingt mit ihr identisch ist. Die magisch-animistische Weltschau des Höhlenmenschen ist bereits dem symbolischen Weltverständnis des Kulturmenschen gewichen. Ein evolutionär entscheidender Schritt!

Die Sonnenreligion im eigentlichen Sinne, wie wir sie im vorgeschichtlichen Europa der Jungsteinzeit vorfinden, setzt das symbolisch-esoterische Weltverständnis der höheren  Kulturstufe bereits voraus. In dieser Sicht ist „alles Vergängliche nur ein Gleichnis“, und die Chiffrenschrift der Natur kündet geheimnisvoll vom Wirken des Göttlichen. Für den symbolisch-esoterisch fühlenden Menschen der Jungsteinzeit war der Jahreslauf der Sonne, markiert durch die Äquinoktien und Sonnwendpunkte, ein naturhaftes Sinnbild für den Weltenweg des Jahrgottes. Der Religionsphilosoph Arthur Schult schreibt hierzu: „Im Jahresrhythmus der Sonne erfuhr der Steinzeitmensch das Leben, Leiden, Sterben und Auferstehen des Jahrgottes, des 'sun', des Gottessohnes. Die Jahresabschnitte der Sonnenbahn waren für ihn verschiedene Offenbarungsstufen der physischen, der geistigen und der göttlichen Schöpfer-Sonne. Das Symbol des Lichtes wurde diesen Menschen zum Symbol der Gottheit.“[17]

Wenn in späteren Traditionen von Erleuchtung oder vom Inneren Licht gesprochen wird, dann stehen sie ganz im Bannkreis jener uralten Sonnenweisheit. Diese kann man getrost als die Urreligion nicht nur Europas, sondern auch anderer Weltteile bezeichnen, als die Menschheits-Urreligion. Hierzu Arthur Schult: „Es war eine einheitliche, monotheistische, kosmische Lichtreligion, in der die göttliche Schöpfersonne klar unterschieden wurde von der physischen Sonne. ( ... ) Die Träger dieser urzeitlichen Religion kamen aller Wahrscheinlichkeit nach von dem untergegangenen Erdteil Atlantis zu Schiff nach Nord- und Südamerika, nach Afrika, Europa, Nordafrika und Asien."[18]

Die solaren Mysterien weisen deutlich auf Atlantis hin, das einst ein gewaltiges Landmassiv im Zentralatlantik war mit der von Platon beschriebenen Insel Poseidonia auf dem Azorenplateau als seinem zentralen Teil. „Das Mysterienwesen der alten Atlantis", schreibt F. W. Zeylmans van Emmichhoven, auf Rudolf Steiner aufbauend, „war siebenfältig. Es gab sieben Mysterien-Orakelstätten, die den Mächten geweiht waren, die man, mit einer späteren Terminologie, als Mond, Merkur, Venus, Sonne, Mars, Jupiter und Saturn bezeichnen kann. ( ... ) Im Mittelpunkt dieser atlantischen Mysterien stand das Mysterium der Sonne. In ihm erlebte man die Verbindung mit der göttlichen Macht, die als die zentrale und leitende innerhalb der Menschheitsentwicklung betrachtet wurde. Was von der äußeren Sonne als das strahlende Himmelslicht, als Wärme erlebt wurde, das alles war die nach außen gerichtete Offenbarung, die von der Gottheit ausströmende Wirkung, die Erde und Mensch dankbar empfingen. Das eigentliche Wesen der Sonne war viel umfassender, war das Wesen der Gottheit selbst."[19]

Nach Angaben Platons in seinen Schriften *Timaios* und *Kritias* waren die Atlanter die Träger einer vorgeschichtlichen Hochkultur, die ihren Sitz wohl im Zentralatlantik hatte, aber auch weite Teile Afrikas, Europas, Nord-, Mittel- und Südamerikas beherrschte.

In den Tempeln, Krypten, Hainen und Säulenhallen des untergegangenen Inselreiches Atlantis wurden zuerst Einweihungen in die hermetischen Mysterien vorgenommen. Die Hermetik ist uraltes Atlantis-Wissen; und nach dem Untergang des Inselreichs wirkte sie weiter fort in den Mysterien des Ägyptertums, in der Alchemie und in der Vedischen Wissenschaft. Aus dem Bannkreis eines solchen urzeitlichen Wissens ist auch die moderne Theosophie entstanden. Das Licht der Henochisch-Hermetischen Weisheit, einst angezündet in den Tempeln von Atlantis, wurde vor Jahrhunderten wieder neu entfacht; und es wird uns auch heute, an der Schwelle eines neuen Zeitalters, mit ungebrochener Strahlkraft auf unserem Pfad voranleuchten!

### Henoch und die Säulen der Weisheit

In seinem Buch *Geschichte der Magie*, das heute noch zu den Grundlagenwerken der okkulten und esoterischen Philosophie gehört, schrieb Eliphas Levi (1810–1875): „Das Wissen *Abrahams*, *Orpheus*, *Confuzes*, *Zoroasters* war Magie. Ihre Dogmen wurden von *Enoch* und *Hermes* in Steintafeln gegraben."[20]

In Enoch, auch Henoch, sehen wir einen der ältesten Verwahrer göttlichen Wissens; und auf ihn geht die hermetische Tradition als auf ihren eigentlichen Urvater zurück. Henoch (hebr. der Kundige, Wissende, Eingeweihte), der Vater Methusalems und Großvater Noahs, wird bereits in der Genesis erwähnt als ein Patriarch, um dessen Weisheit sich viele, teilweise auch nichtjüdische Legenden ranken. In der Reihe der babylonischen Urkönige entspricht ihm *Emmenduranki*. Er galt als Erfinder der Rechenkunst, der Schrift, der Astronomie, verfügte über magische Fähigkeiten und fuhr wie Elias in den Himmel auf. Kein Wunder, dass dieser Hocheingeweihte aus frühester Zeit zur Hauptperson des Wunderglaubens bei Juden, Christen und Muslimen gleichermaßen wurde. Im Islām war Henoch als *Idris* bekannt (siehe Koran Sure 19, 54 und 21,85).

Nach 1. Mose 5, 18 ff. war Henoch der siebente von zehn Urvätern, die in unmittelbarer Verbindung mit Gott gestanden haben sollen; seine Abstammung wird auf Seth, den dritten Sohn Adams, zurückgeführt. Sein Alter wird mit 365 Jahren angegeben, und er soll, ohne zu sterben, in den Himmel entrückt worden sein: „Und weil er mit Gott wandelte, nahm ihn Gott hinweg, und er ward nicht mehr gesehen" (1. Mose 5, 24). Darauf nimmt noch der Autor des Hebräerbriefs Bezug, wenn er sagt: „Durch den Glauben wurde Henoch entrückt, damit er den Tod nicht sehe, und wurde nicht mehr gefunden, weil Gott ihn entrückt hatte; denn vor seiner Entrückung ist ihm bezeugt worden, dass er Gott gefallen habe" (Hebr. 11, 5).

Das Spätjudentum kennt eine reiche apokalyptische Literatur, die an die Gestalt Henochs anknüpft; so gibt es ein äthiopisches Henochbuch, das in Bruchstücken auch in Griechisch erhalten ist, ein slawisches Buch Henoch, stark christlich beeinflusst, und frühestens seit dem 3. Jahrh. n. Chr. ein hebräisches. Im Christentum zählt das Buch Henoch zu den Apokryphen des Alten Testaments.

Im Mittelpunkt aller Überlieferungen steht Henochs Himmelsreise; er wurde in den Himmel „entrückt", sagt der Hebräerbrief. Was bedeutet das? Esoterisch gesehen, gehört Henoch zu den Aufgestiegenen Meistern, die dem üblichen Zyklus von Geburt, Tod und Wiedergeburt entronnen sind, da sie dank ihrer spirituellen Entwicklung nicht mehr in irgendeine Form irdischer Verkörperung zurückzukehren brauchen; sie sind endgültig eingegangen ins göttliche Lichtreich, der wahren Urheimat der menschlichen Geistlichtfunken. Henoch, so heißt es, „wandelte mit Gott", d.h. er erweckte den Inneren Gott, den in ihm ruhenden göttlichen Funken, zu einer solchen Strahlkraft, dass jede weitere irdische Inkarnation für ihn überflüssig wurde. Aus der göttlichen Geistlichtsphäre wirken die Aufgestiegenen Meister ständig in die Menschheits-Entwicklung hinein, als Lehrer, Helfer, Berater – als die Älteren Brüder der Menschheit.

Da Henoch als der Großvater Noahs gilt, gehört er der vorsintflutlichen, atlantischen Kulturmenschheit an. Sowohl im apokryphen Buch Henoch als auch im Alten Testament der Bibel wird von einer hochentwickelten, aber „sündigen" Zivilisation gesprochen, die vor der weltweiten Sintflut existierte und in der es üblich war, dass Menschenfrauen von „Gottessöhnen" geehelicht wurden: „Zu der Zeit und auch später noch, als die Gottessöhne zu den Töchtern der Menschen eingingen und sie ihnen Kinder gebaren, wurden daraus die Riesen auf Erden. Das sind die Helden der Vorzeit, die hochberühmten" (1. Mose 6, 4).

Die „Riesen" waren ein atlantisches Geschlecht; die weitweit verbreiteten Sagen über sie aus allen Kulturkreisen zeugen noch heute von ihrer Existenz. Bei den „Gottessöhnen" handelt es sich nach der Überlieferung um eine Gruppe von 200 „gefallenen" Engeln, die einst vom Gipfel des Berges Hermon herabstiegen, um mit den menschlichen Frauen Ehen einzugehen und Kinder zu zeugen. In der atlantischen Periode gab es also noch direkte, ja eheliche Verbindungen zwischen Menschen und Göttern; die daraus entsprossenen Riesen waren ein archaisches Halbgöttergeschlecht. Einer von diesen vorsintflutlichen Riesen war der berühmte *Gilgamesch*, von dem das Epos sagt, er sei „zwei Drittel göttlich und ein Drittel menschlich" gewesen.

Henoch, der zum Himmel Aufgestiegene, war der letzte große Eingeweihte von Atlantis. Mit der Gabe der Vorausschau ausgestattet, hat er das Kommen der Sintflut vorhergesehen und seinem Enkel Noah dessen Rettung vor der Flut prophezeit. Noah war esoterisch gesehen der Stammvater einer neuen, nachatlantischen Kulturmenschheit. Im Judasbrief wird uns berichtet, dass Henoch die große Katastrophe für die Menschheit prophezeite; der Brief erwähnt „wilde Wellen des Meeres, die ihre eigene Schande ausschäumen, umherirrende Sterne, deren Los ist die dunkelste Finsternis in Ewigkeit. Es hat aber auch von diesen geweissagt Henoch, der siebente von Adam an, und gesprochen: Siehe, der Herr kommt mit seinen vielen tausend Heiligen, Gericht zu halten über alle und zu strafen alle Menschen für die Werke ihres gottlosen Wandels, mit denen sie gottlos gewesen sind ...." (Judas 11, 13-14)

Im apokryphen *Buch Henoch* lesen wir: „In jenen Tagen sah Noah, wie sich die Erde senkte und ihr Verderben nahe war. Da hob er seine Hände auf von dort, wanderte bis zu den Enden der Erde und schrie zu seinem Großvater Henoch. Dreimal sprach Noah mit trauriger Stimme: Höre mich, höre mich, höre mich! (...) Da kam mein Großvater Henoch, trat neben mich und sagte zu mir: Warum hast du so traurig und mit weinender Stimme zu mir geschrien? Ein Befehl ist von dem Angesichte des Herrn über die ausgegangen, die das Festland bewohnen, dass dies ihr Ende sein soll, weil sie alle Geheimnisse der Engel und jede Gewalttat der Satane kennen (....). Danach zeigte er, Henoch, mir die Strafengel, die bereit sind, zu kommen und alle Kräfte des unterirdischen Wassers loszulassen, um Gericht und Verderben über alle zu bringen, die auf dem Festlande weilen und wohnen."[21]

Es gibt eine geheime Freimaurer-Legende, die berichtet, dass Henoch sein Atlantis-Urwissen trotz der Sintflut den zukünftigen Geschlechtern zukommen lassen wollte. Weil er wusste, dass die Menschheit auch künftig durch Feuerbrände und Sintfluten heimgesucht werden würde, verfertigte er zwei Säulen: eine, die im Feuer nicht verbrennt; und eine, die im Wasser nicht untergeht. Dann gravierte er all sein Wissen in diese beiden Säulen ein, die als Träger urzeitlicher Weisheit die Katastrophe überdauerten, bis sie schließlich aufgefunden wurden. Und es war niemand Geringerer als Hermes Trismegistos, der große Eingeweihte aus der Frühzeit Ägyptens, der eine der beiden Weisheits-Säulen des Henoch auffand; die zweite fand Salomon, der König der Juden. So lebt das esoterische Erbe Henochs auch in der nachsintflutlichen Menschheit fort.

Ein Freimaurer-Manuskript aus dem Jahre 1607 beschreibt Henochs Säulen der Weisheit folgendermaßen: „Eine der Säulen war aus Marmor; denn der verbrennt nicht im Feuer. Und die andere war aus einem Stein, der auf Wasser schwimmt. Unsere Absicht ist nun, Euch aufrichtig zu berichten, wie diese Steine gefunden wurden, auf denen diese Kenntnisse niedergeschrieben waren. Der große Hermes (mit Beinamen Trismegistus, was dreifach Großer heißt) war König, Priester und Philosoph (in Ägypten). Er fand eine davon und lebte im Jahr zweitausendsechsundsiebzig seit Anbeginn der

Welt, während Ninus herrschte, und manche halten ihn für den Enkel des Kusch, der wiederum Enkel Noahs war; er war der Erste, der etwas von der Astronomie wusste und die anderen Wunder der Natur bewunderte. Er bewies, dass es nur einen Gott, den Schöpfer aller Dinge gab. Er teilte den Tag in zwölf Stunden. Man glaubt auch, dass er der Erste war, der den Zodiakus in zwölf Tierkreiszeichen aufteilte. Er war Priester des Osiris, König von Ägypten. Und er soll auch die Schrift und die Hieroglyphen, die ersten Gesetze der Ägypter erfunden haben. Auch andere Wissenschaften, und er lehrte sie anderen Menschen."[22]

Hermes Trismegistos erscheint hier als der erste große Eingeweihte der nach-atlantischen Kultur; als Finder einer der Säulen der Weisheit ist er auch legitimer Erbe des alten Henochischen Wissens. Ja, er scheint sogar in direkter Linie von Henoch abzustammen, wenn er ein Enkel des Kusch war, der in der Völkertafel ganz korrekt als ein Enkel des Noah genannt wird (1. Mose 10, 6). Ein anderes Freimaurer-Manuskript erzählt die Geschichte ähnlich: „Der große Hermerius, Sohn des Kusch, der wiederum Sohn des Sem war, der wiederum Sohn des Noah war. Der besagte Hermerius wurde später Hermes genannt, der Vater aller Gelehrten. Eben dieser Hermes fand eine der besagten Steinsäulen, auf denen er die Wissenschaften geschrieben fand. Und der besagte Hermes lehrte ebendiese Wissenschaften die Menschen, als sie den Turm von Babylon machten oder bauten, wobei die Wissenschaft des Mauerns erstmals begründet und hoch geschätzt wurde."[23]

Ob die beiden Säulen der Weisheit wörtlich oder symbolisch zu nehmen sind – es spannt sich jedenfalls, deutlich erkennbar, eine Verbindungslinie von Henoch zu Hermes; die Hermetische Wissenschaft als Lichtpfad und Einweihungslehre ist auch Henochische Wissenschaft. Sie geht ihrem Ursprung nach bis auf die Glanzzeit der uralten Atlantis-Kultur zurück. Wir aber wollen auch in heutiger Zeit das Leuchtfeuer dieser uralten Henochisch-Hermetischen Weisheits-Wissenschaft wieder neu entfachen!

## Agathos Daimon – ein gnostischer Heiland

Bei einem Gespräch *Über den Geist im Menschen* weist Hermes Trismegistos auf die Geistgestalt des Agatos Daimon hin und zitiert einige Aussprüche von ihm. Es gibt jedoch nichts Schriftliches von ihm, sondern seine wenigen Wahrworte werden nur mündlich weitergegeben. Hermes Trismegistos hat demnach zwei Lehrer – Poimandres, den Weltgeist, und Agathos Daimon, den gnostischen Heiland.

*„Der Geist, mein Sohn Tat, ist von derselben Substanz wie Gott, wenn es eine Substanz Gottes überhaupt gibt; aber welcher Art diese Substanz ist, das weiß Gott allein genau. Der Geist ist also nicht losgelöst von der Substantialität Gottes, sondern wird von diesem Urquell sozusagen ausgeströmt, ähnlich wie das Licht von der Sonne ausgestrahlt wird. Im Menschen aber kann der Geist Göttliches hervorbringen. Daher sind einige Menschen göttlich, und ihr Menschentum ist nahe der Göttlichkeit. In diesem Sinne sagt Agathos Daimon: 'Die Götter sind unsterbliche Menschen, und die Menschen sterbliche Götter.' (.....)*

*Ich will dir sagen, mein Sohn, was ich einst den Agathos Daimon sagen hörte. Wenn er seine Worte je schriftlich niedergelegt hätte, dann wäre er wohl für einen der größten Wohltäter der Menschheit erachtet worden; denn er allein – mein Sohn – hat als der erstgeborene Gott alle Dinge gesehen, und er hat Worte gesprochen, die im wahrsten Sinne göttlich sind. Ich hörte ihn also einmal folgendes sagen: Alles ist Eins, und besonders die vom Geist erfüllten Körper. Wir leben nämlich allein durch die Wirkkräfte, durch die Energien und durch die Kraft des Ewigwährenden. Daher ist der Geist gut, wie auch die Seele. Und wenn es sich so verhält, dann sind die Geistbegabten durch nichts voneinander unterschieden; und der Geist als der Herrscher über Alles und Seele Gottes kann alles bewirken, was er will."*[24]

Wer ist Agathos Daimon? Hinter diesem Namen verbirgt sich eine hohe geistige Autorität, die Hermes Trismegistos zuweilen als seinen Lehrer zitiert. In der griechischen Volksreligion war Agathos Daimon – wörtlich: der Gute Geist – ein Schutzgeist des Hauses, dem besonders beim Mahl gespendet wurde. Hier aber haben wir es mit einem gnostischen Heiland zu tun; keinesfalls ist ein irdisch verkörperter Mensch damit gemeint, sondern ein Gottgewordener, ein zu den Göttern Aufgestiegener. Agathos Daimon zählt somit zur unsichtbaren Loge der hermetischen Meister. Madame Blavatsky nennt ihn den „höchsten Erzengel"; er sei der „älteste wohlwollende Logos"[25] gewesen, den die spätere christliche Theologie mit Satan gleichgesetzt habe.

Zuweilen wird Agathos Daimon mit *Seth*, mythisch dem dritten Sohn Adams (1. Mose 4 / 25), gleichgesetzt; Seth wiederum gilt als der Ahn und Vorfahr Henochs, den man auch den „ersten Hermes" nennt; arabische Autoren des Mittelalters hielten Henoch für den Erbauer der ägyptischen Pyramiden in vorsintflutlicher Zeit und für den Verwahrer göttlicher Geheimnisse, die an Hermes in Form beschrifteter Steinsäulen weitergegeben wurden. Seth, Henoch und Hermes bilden eine Kette geistiger Lehrer, die seit den Tagen vor der Großen Sintflut das hermetische Urwissen übermitteln.

Auf Seth führte sich noch in alexandrinischer Zeit eine Sonderform der Gnosis – die sethianische Gnosis –

zurück. Diese Gnostiker hielten Seth für das Urbild reinen, ungefallenen Menschentums. Ein Manuskript, betitelt *Das Buch der Strafe Adams*, macht hierüber folgende Angaben: „Adam hatte zwei Söhne, Kain, die brutale Kraft, und Abel, die einsichtige Milde. Sie konnten sich nicht vertragen und kamen einer durch den anderen um, daher ging ihr Erbe an einen dritten Sohn Seth über. (....) Seth, der Gerechte, konnte nun bis zum Eingang des irdischen Paradieses gelangen, ohne von dem Cherubim mit dem flammenden Schwert vertrieben zu werden. Da sah Seth die Vereinigung und Einheit des Baumes der Erkenntnis mit dem Baum des Lebens."[26]

Esoterisch gesehen ist Seth der große Ur-Magier, der erste Eingeweihte der Kultur Lemuriens. Seth gehört der lemurischen, Henoch der atlantischen und Hermes der nachatlantischen Entwicklungsperiode der Erden-Menschheit an. Alle drei sind die Fackelträger jener Urweisheit, die seit den Tagen Ägyptens als Hermetische Wissenschaft und als geheime Tempellehre aufbewahrt wurde. Die *Geheimlehre* (1888) sagt: „Seth ist der 'Vorfahr' jener frühen Menschen der dritten Rasse, in denen sich die Planetenengel inkarniert hatten; er selbst (....) gehörte den beseelenden Göttern an, und Enos (Hanoch oder Enoch), oder Hermes, soll sein Sohn gewesen sein"[27] – ähnlich wie später Tat, und zwar physisch wie auch geistig, der Sohn Hermes' wurde. Der arabische Autor Abd Allatif behauptet, er habe in den heiligen Schriften der Sabäer gelesen, dass eine der Pyramiden von Gizeh das Grabmal des Agathodaimon sei und die andere das des Hermes.

Die Worte des Agathos Daimon enthalten die Essenz der Hermetischen Wissenschaft. Alles, was wir heute Esoterik, Geheimlehre oder wie auch immer nennen, ist darin ausgedrückt. *„Und jene gesegnete Gottheit, die wir Agathos Daimon nennen, pflegte zu sagen: 'Die Seele ist im Körper, der Geist in der Seele, und Gott im Geist'. Der feinste Bestandteil der Materie ist die Luft; der feinste Teil der Luft die Seele, deren feinster Teil ist der Geist, und der feinste Teil des Geistes – Gott. Und Gott steht mit Allem in Verbindung, indem er Alles durchdringt; ebenso der Geist die Seele und die Seele die Luft; und diese schließlich durchdringt die grobstoffliche Materie.“*[28]

## Das esoterische Erbe Ägyptens

Es gibt ein uraltes Erbe esoterschen Wissens, das 4 Jahrtausende lang, wenn nicht noch länger, in den Tempeln, Pyramiden und Wahrzeichen Ägyptens gleichsam hermetisch verschlossen aufbewahrt wurde, bis es in die griechische Philosophie, die Gnosis, die Alchemie, in das Arabertum und schließlich in die modernen esoterischen Strömungen Europas – bis in die Freimaurerei – Eingang fand. Diese Tradition des esoterischen Ägypten wollen wir, im Gegensatz zur „wissenschaftlichen“ Ägyptologie, als *Ägyptosophie* bezeichnen.

Es gibt eine verborgene Tradition der Ägyptosophie, die wie ein unterirdischer Wasserquell durch die letzten 2500 Jahre Kulturgeschichte des Abendlandes fließt, und man muss mit geistigen Wünschelruten ausgerüstet sein, um diesen Urquell geistigen Wissens, diesen Strom eines „Wassers der Weisheit“, der ursprünglich nur in den Ländern am Nil floss, in seiner vielgestaltigen Nachwirkung aufzuspüren. Ägypten ist in gewisser Weise die Mutter des Abendlandes. Ägypten, diese altehrwürdige Weltkultur mit ihren steinernen Monumenten, ist längst im Staub versunken – und doch erhebt eben dieses Ägypten immer wieder sein geheimnisvolles Sphinxhaupt, bis in unsere Neuzeit hinein, um mit all seinem esoterischen Erbe aufzuerstehen!

In dem hermetischen Dialog *Asclepius*, der allerdings erst recht spät – wohl zu Anfang des 4. Jahrhunderts n. Chr. – entstanden ist, wird Ägypten als das „Bildnis des Himmels" und „Tempel der ganzen Welt" bezeichnet. *„Weißt Du denn nicht, Asclepius"*, sagt der große Eingeweihte Hermes Trismegistos zu seinem Lieblingsschüler, *„dass Ägypten das Bildnis des Himmels ist, genauer gesagt, der Ort wo alles, was im Himmel oben regiert und wirkt, gleichsam übersetzt und auf die Erde herabgebracht wird? Nein, man sollte es viel eher so sagen, dass unser Land der Tempel der ganzen Welt ist."*[29]

Und in einem modernen hermetischen Traktat, im Jahre 1906 anonym unter dem Titel *Kybalion* veröffentlicht, lesen wir ganz ähnlich: „Vom alten Ägypten sind die grundsätzlichen esoterischen und okkulten Lehren überkommen, welche die Philosophien aller Rassen, Nationen und Völker einige tausend Jahre lang so stark beeinflusst haben. Ägypten, das Land der Pyramiden und der Sphinx, der Geburtsort der verborgenen Weisheiten und der mystischen Lehren. Alle Nationen haben aus seinen geheimen Lehren geschöpft, Indien, Persien, Chaldäa, Medien, China, Japan, Assyrien, das alte Griechenland und Rom und andere Länder des Altertums nahmen großzügig teil an dem Festmahl des Wissens, das die Hierophanten und Meister des Isislandes so freigiebig denjenigen bereiteten, die bereit waren, an den aufgespeicherten mystischen und okkulten Lehren teilzunehmen, die die großen Geister dieses alten Landes zusammengetragen hatten."[30]

Erst spät, von der 26. Dynastie an, öffnete sich Ägypten den jungen Nachbarstaaten der Mittelmeerwelt, vor allem dem aufstrebenden *Griechenland*. Es war Pharao

Psammetich I. (664–610 v. Chr.), der damit begann, größere Armeen ausländischer Söldner als Hilfstruppen auszuheben, darunter viele Griechen und sogar Karier aus Kleinasien, deren in Saqqara gefundene Grabsteine erst kürzlich entziffert werden konnten. Pharao Amasis (eigentlich Ahmose II., 570–526 v. Chr.) versuchte die ethnischen Konflikte im Inneren seines Landes dadurch zu dämpfen, dass er Privilegien und Handelskonzessionen an ausländische Siedler verlieh. Auf diese Weise entstand das – nur von Griechen bewohnte – Naukratis im Delta des Nil, das sich zu einer Art Freihandelszone entwickelte.

Amasis machte den Mittelmeerhandel zu einem Schwerpunkt seiner Politik und unterhielt freundschaftliche Beziehungen zu vielen Anrainerstaaten; er spendete sogar für den Wiederaufbau des berühmten Orakels von Delphi, das durch einen Brand im Jahr 548 v. Chr. verheerend vernichtet wurde. Von dieser Zeit an begannen mehr und mehr Griechen ins Land der Pharaonen zu pilgern, um von dem überlegenen geistigen Wissen dieser uralten Kultur am Nil zu profitieren. Besonders seit den ersten Anfängen der griechischen Naturphilosophie (im kleinasiatischen Ionien im 7./6. Jhrt. v. Chr.) wurde Ägypten für viele Griechen zu einem Hort esoterischer Weisheit.

*Thales von Milet* (624–526 v. Chr.), der erste Denker des Abendlandes überhaupt, ist auf seinen Reisen bis nach Ägypten gekommen, wo er sich mit den Verhältnissen des Landes und mit dem neusten Stand der ägyptischen Naturwissenschaft vertraut gemacht hat. Dass er die ihm zugeschriebenen geometrischen Lehrsätze aus der Feldmesserkunst und den mathematischen Kenntnissen der Ägypter geschöpft hat, darf als sicher gelten. „Thales", so lesen wir in einer späteren

Quelle, „soll als erster nach Ägypten gekommen sein und nach Griechenland diese Wissenschaft zurückgebracht haben (....). Es heißt, er habe (mit Hilfe des 2. Kongruenzsatzes) den Abstand der Fahrzeuge auf See berechnet. Die Pyramiden soll er nach ihrem Schatten gemessen haben, indem er die Zeit beobachtete, wo unser Schatten ebenso groß ist wie unser Körper."[31]

Die astronomischen Kenntnisse, mit denen Thales die Sonnenfinsternis vom 28. Mai 585 v. Chr. berechnete, gehen sicherlich auch auf ägyptische Ursprünge zurück. Selbst die thaletische Lehre, dass alles aus dem Urgrundhaft-Feuchten entstanden sei – er nahm das Wasser als den Urstoff des Lebens an – könnte ägyptisch sein; denken wir doch nur an die jährliche Nilschwemme! Thales glaubte aber auch, „dass alles von Göttern erfüllt sei" – seine „Naturwissenschaft", von den Ägyptern ererbt, blieb noch eingebunden in heiliges Priesterwissen und Götterlehren.

Das Denken der frühen ionischen Naturphilosophen war noch ganz ägyptosophisch bestimmt. Auf den Spuren des Thales wandelte nur wenig später *Pythagoras von Samos* (569–471 v. Chr.), der erste bewusste Esoteriker Griechenlands, der – Sohn des Mnesarchos, eines vermögenden Kaufmanns von der Insel Samos – die Erfahrungen seiner ausgedehnten Reisen durch den Vorderen Orient in einer neuen Philosophie und Mysterienreligion verdichtete. Nach der Lebensbeschreibung des *Jamblichos* war es der hochbetagte Thales selbst, der dem damals jugendlichen Pythagoras riet, nach Ägypten zu gehen, da man nur dort eine solche Weisheit erlangen könnte: „Nachdem Thales ihm, soviel er vermochte, von den Wissenschaften mitgeteilt, entschuldigte er sich wegen seines Alters ... und forderte ihn auf, nach Ägypten zu segeln und dort vor allem mit den

Priestern in Memphis und Diospolis zusammenzukommen. Denn von diesen habe auch er selbst das empfangen, um dessentwillen er bei der großen Menge als Weiser gelte ... Wenn Pythagoras mit den bezeichneten Priestern verkehrte, so werde er der Göttlichste und der Weiseste sein und über allen Menschen stehen."[32]

Da Polykrates, der Herrscher über die Insel Samos, mit Pharao Amasis befreundet war, fiel es Pythagoras leicht, tiefer als alle seine Vorgänger in die ägyptische Weisheit einzudringen. Nach dem Bericht von Jamblichos wurde Pythagoras selbst initiiert und in den Priesterstand aufgenommen, und das Land an den Ufern des Nil wurde ihm zur zweiten Heimat: „Zweiundzwanzig Jahre weilte er so in Ägypten in den allerheiligsten Gemächern der Sternkunde und Geometrie und empfing ... die Einweihung in alle Göttermysterien, bis ihn die Krieger des Kambyses gefangennahmen und nach Babylon führten."[33] Später, als Pythagoras in Kroton in Unteritalien seine eigene philosophische Schule gründete, eher in Form einer klösterlichen Lebensgemeinschaft, verpflanzte er ägyptisches Wissen nach Europa – die Mathematik, die Geometrie (der berühmte Satz des Pythagoras stammt nicht von ihm selbst), die Astronomie und sicherlich auch esoterische Einweihungslehren.

Dies alles verweist auf die hohe Überlegenheit Ägyptens gegenüber den anderen Kulturen der Antike. Ägypten war die Lehrmeisterin der antiken Welt, wobei Wissenschaft und Götterwissen noch untrennbar miteinander verschwistert waren. In die Reihe der Ägyptenbesucher aus Hellas gehört auch *der Weise Solon* (640–561 v. Chr.), dieser große Gesetzgeber und Reformator aus Athen, der dem Bericht Platons zufolge im oberägyptischen Sais mit einem Priester der Göttin Neith in Berührung kam, der ihn über den versunkenen

Kontinent Atlantis aufklärte. In den folgenden Worten des Neith-Priesters an Solon, wie Platon sie in seinem *Timaios*-Dialog überliefert, kommt deutlich das überlegene Wissen einer uralten Kultur zum Ausdruck: „Da habe ein hochbetagter Priester gesagt: ach, Solon, Solon! Ihr Hellenen bleibt doch immer Kinder, zum Greise bringt es kein Hellene. – Wieso? Wie meinst du das? habe er, als er das hörte, gefragt. – Jung in den Seelen, habe jener erwidert, seid ihr alle: denn ihr hegt in ihnen keine alte, auf altertümliche Erzählungen gegründete Meinung noch ein durch die Zeit ergrautes Wissen." Und im weiteren Verlauf des Gesprächs gibt der Ägypter zu erkennen, dass sich „das hier Aufbewahrte als das älteste erhalten" habe; denn alles, was sich „Schönes und Großes oder in einer andern Beziehung Merkwürdiges begab, das alles ist von alten Zeiten her hier in den Tempeln aufgezeichnet und aufbewahrt."[34]

*Herodot* (484–425 v.Chr.) aus Halikarnassos, einer ionischen Siedlung in Kleinasien, hat um 430 v.Chr. – also schon während der persischen Besetzung – große Teile Ägyptens bereist und in Buch II seines großen Geschichtswerkes eine ausführliche Beschreibung gegeben. In den Tempeln von Sais, Memphis und Heliopolis kam er mit dem dortigen Priesterstand in Berührung; die berühmten Pyramiden von Giseh sah er in einem noch gut erhaltenen Zustand und gab eine im wesentlichen richtige Beschreibung ihrer Erbauung. Er hat im Delta auch andere Städte besucht, in Bubastis von einem erhöht liegenden Stadtteil auf den Tempel herabgeblickt, im Fajjum das heilige Krokodil im Tempelsee schwimmen gesehen. Auf seiner Reise nach Oberägypten fand er in Theben Priester des Amon, die genug Griechisch sprachen, um ihn über die ägyptische Mythologie zu belehren; danach fuhr er noch weiter bis zur

Insel Elephantine im Ersten Katarakt. Auf die ägyptischen Kulte war Herodot insofern vorbereitet, als er in die Mysterien seines eigenen Landes eingeweiht war; als griechischer Myste fühlte er sich den Priestern Ägyptens geistesverwandt und wusste sich wie diese zur Geheimhaltung der heiligsten übernatürlichen Dinge verpflichtet.

Aus diesen Gründen gelten die Aufzeichnungen Herodots bis zum heutigen Tage als eine der wichtigsten Quellen der Ägyptologie. Besonders interessant ist es jedoch, wenn er auf die geheime Esoterik Ägytens zu sprechen kommt, etwa wenn er die *Reinkarnationslehre* – die der wiederholten Erdenleben des Menschen – auf ägyptische Quellen zurückführen will. Diese Meinung wird von der rationalistischen Fachwissenschaft üblicherweise nicht geteilt, da sich in den älteren Pyramidentexten, Sargtexten und im Ägyptischen Totenbuch keine Hinweise auf eine Reinkarnaton finden. Aber was besagt das schon? Könnte es nicht sein, dass die Reinkarnationslehre zu den *nur mündlich überlieferten Geheimlehren* Ägyptens gehörte? Jedenfalls tritt die Reinkarnationslehre auch in der hermetischen Philosophie in Erscheinung.

Das alte pharaonische Ägypten versank jedoch während des christlichen Mittelalters in völlige Vergessenheit. Islamische Sultane herrschen jetzt in den Ländern am Nil; das Bildnis der Sphinx ist von Wüstensand zugeweht, und die Pyramiden verfallen oder werden als Steinbrüche missbraucht. Hier denkt man an die Worte aus dem hermetischen Traktat Asclepius: *„Oh Ägyptenland, Ägyptenland, von deiner Religion wird nicht mehr übrig bleiben als eine leere Fabel, an die deine eigenen Kinder in den zukünftigen Zeiten nicht mehr glauben werden; es wird nicht mehr übrig bleiben als ein paar feierliche Worte,* *und nur noch die Steine werden von deiner Gottesfrömmigkeit künden!"*.[35]

Keiner der Reiseberichte aus dem 1. bis 12. Jahrhundert n.Chr. ist mit denen der Antike vergleichbar. Erst mit dem 17. Jahrhundert beginnt das Zeitalter der großen Reisen, die der Wiederentdeckung Altägyptens durch die napoleonische Armee vorausgehen. Der Pariser Jean de Thevenot ist der erste, den die reine Neugierde ins Morgenland lockt; 1652 kommt er auch durch Ägypten, wo er jedoch nur das Delta, Kairo und dessen unmittelbare Umgebung sieht. Viel weiter kam der deutschstämmige Dominikanerpater Johann Michael Wandsleben im Jahre 1672 auch nicht. Aber der Jesuitenpater Claude Sicard (1677–1727) bereist das ganze Land, nach Süden bis nach Assuan, und erstellt als erster eine vollständige Landkarte.

Damit, sowie mit den Sprachforschungen des gelehrten deutschen Jesuiten Athanasius Kircher (1602–1682), war die moderne wissenschaftliche Ägyptologie geboren. Napoleons Ägyptenfeldzug (1798) wäre hier zu nennen („Soldaten, von diesen Pyramiden schauen vierzig Jahrhunderte auf euch hinab!"), die sensationelle Entzifferung der Hieroglyphen durch Champollion mit Hilfe des „Steins von Rosette" 1825, schließlich die Entdeckung des Grabes und der Goldmaske von Tut-Anch-Amun im „Tal der Könige" durch Howard Carter und Lord Carnarvon im Jahre 1922.

Doch auch das ewig-geheimnisvolle esoterische Ägypten erhob wieder sein Haupt: Da gab es, von dem italienischen Grafen Cagliostro (1743–1795) propagiert, eine Ägyptische Freimaurerei, die sich als eine moderne Wiedereinsetzung der alten ägyptischen Mysterien begriff; Goethe nahm darauf in seinem *Groß-Kophta* Bezug. Ein ägyptosophisches Erbe zeigt sich auch in der

Oper *Die Zauberflöte* von Mozart mit einem Libretto von Emmanuel Schickaneder, die 1791 in Wien uraufgeführt wurde. Vor dem Hintergrund des Osiris-Mythos verarbeiten beide in diesem Werk das Gedankengut der Freimaurerei, das in dieser Form auf Elemente des altägyptischen Kultes zurückgreift. So haftet dem esoterischen Ägypten etwas Überzeitliches an. Ägyptosophie ist ewige Weisheit – anfanglos, unvergänglich den Zeitenlauf überdauernd, dabei wohl zuweilen die äußerliche Form, nicht aber den Wesenskern ändernd. Der deutsche Barockphilosoph Leibniz (1646–1716) sprach daher von einer Ewigen Philosophie, einer *philosophia perennis,* die den alten Weisheitslehren zugrundeliege.

## Die ägyptische Pyramidenkultur

Kein anderes Wahrzeichen hat die Kultur Ägyptens so sehr geprägt wie die *Pyramide* – es gibt deren etwa 140, die sich, von sehr unterschiedlicher Höhe und zum Teil schon stark zerstört, auf einem Landstreifen von Abu Roasch im Norden bis nach Lahun im Süden mehr als 100 km hinziehen; die bekanntesten sind die drei von Gizeh, die schon Herodot bewunderte. Die ägyptische Pyramide besitzt eine charakteristische, unverwechselbare Form; sie unterscheidet sich von den babylonischen Zikkuraten, auch von den Maya-Pyramiden Mittelamerikas grundlegend. Man hat errechnet, dass die in den Pyramiden verbaute Steinmenge ausreichen würde, rings um Deutschland eine 3 Meter hohe und 1 Meter dicke Mauer zu errichten. Die Pyramiden auf dem Gizeh-Plateau, so heißt es, würden erst in 2,5 Millionen Jahren durch natürliche Umwelteinflüsse restlos abgetragen sein; sie verkörpern ein Stück Ewigkeit, Unvergänglichkeit; sie erscheinen wie Wahrzeichen aus einer zeitlosen Sphäre, die nur durch Zufall oder Götterbeschluss in diese relative Welt hinein gekommen sind.

Die ägyptischen Pyramiden sind Monumental-Architektur; hier noch einmal, nur zur Veranschaulichung, ein paar Zahlen: Die Cheops-Pyramide, die größte der drei von Gizeh, misst eine Höhe von ursprünglich 146 Metern (heute 137,50 Meter), eine Seitenlänge von rund 230 Metern, und besitzt eine Grundfläche von 5,3 Hektar – genug, um den Petersdom in Rom, die Londoner St.-Pauls-Kathedrale, die Westminster Abbey sowie die Dome von Mailand und Florenz zusammen aufzunehmen; noch im 19. Jahrhundert galt sie als das größte je von Menschenhand errichtete Bauwerk. Die Zahl der beim Bau verwendeten Steinblöcke liegt bei 2.300.000 einzelnen Quadern mit einem Durchschnittsgewicht von 2,5 Tonnen, maximal 15 Tonnen. Ursprünglich trug die Pyramide eine Verschalung aus blendend weißem Tula-Kalkstein, die später dazu verwendet wurde, das mittelalterliche Kairo zu erbauen. Unklar ist bis heute, wie der Bau dieses gigantischen Monuments überhaupt bewerkstelligt wurde; ebenso wer es errichten ließ und wann, und welchem Zweck es diente.

Aus dem Dämmerlicht einer längst vergessenen Frühzeit tritt plötzlich, zu irgendeinem Zeitpunkt, die *ägyptische Pyramidenkultur* ans Licht der Geschichte – ein bis dahin einmaliges Novum in der Entwicklung der Menschheit, etwas Neues, bisher nie Dagewesenes, das später oftmals nachgeahmt, aber nie ganz erreicht wurde. *Wer* aber ist der Schöpfer dieser Pyramidenkultur? Auf welchen Impuls geht sie zurück? Üblicherweise wird Pharao Djoser (2668–2649 v.Chr.), der in der 3. Dynastie des Alten Reichs regierte, als der Begründer des Pyramidenbaus genannt; dieser ließ sich nämlich auf dem Hochplateau von Saqqara, hoch über den bebauten

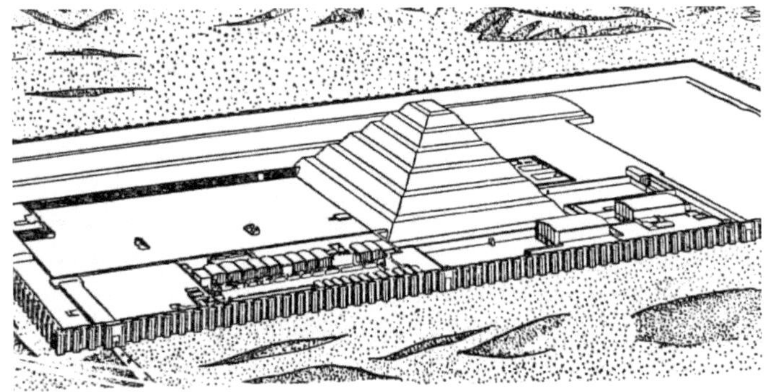

Feldern um die Königshauptstadt Memphis, eine gewaltige Nekropole erbauen, die von einer 62 Meter hohen Stufenpyramide gekrönt wurde. Ein Fuchsbau von unterirdischen Stollen, teilweise von Grabräubern angelegt und von den Originalschächten nicht zu unterscheiden, unterhöhlt das 109 mal 125 Meter große Fundament. Der Genius, der die Konstruktion dieser Monumentalanlage ersann, war Djosers Ratgeber und Kanzler *Imhotep*, der – später zum Gott erhoben – von den Griechen mit ihrem eigenen Gott der Heilkunst Asklepios gleichgesetzt wurde; in den hermetischen Schriften tritt er noch als Asclepius, Lieblingsschüler des Hermes Trismegistos, auf. Emil Nack spricht von ihm als „mächtiger Magier, geschickter Arzt, Erfinder des Steinbaus und als göttlich verehrter Schutzherr der Schreiber", und: „Er leitete die Zeit der Pyramidenerbauer ein."[36]

Gewiss wurde mit Imhotep ein neuer Stil in der Baukunst Ägyptens eingeleitet – dennoch: die spätere Urform der Pyramide wurde mit Djosers Bauwerk noch nicht erreicht: es handelte sich ja bloß um eine Stufenpyramide, die eher den Stufenbauten des Zweistromlands gleicht, gebildet aus 6 übereinander geschichteten *mastabas*, den üblichen kastenförmigen Gräbern der damaligen Zeit. Die eigentliche Urform der Pyramide leuchtet erst in der 4. Dynastie auf – mit Snofru (2613–2498), auf den die Pyramiden von Dahschur ein wenig südlich von Saqqara zurückgehen, vor allem die „Rote Pyramide" und einige Kilometer weiter die sogenannte „Knickpyramide". Ihm folgen die angeblichen Erbauer der Pyramiden von Gizeh – Cheops (2598–2566), Chephren (2558–2532) und Mykerinos (2532–2504), dieses strahlende Dreigestirn pharaonischer Herrschaft im Alten Ägypten. Waren sie aber die tatsächlichen Erbauer der Pyramiden von Gizeh? Oder gehen diese auf eine wesentlich ältere Periode zurück? Sind sie vielleicht die Überreste einer älteren, unbekannten Kultur, deren Erbschaft die historischen Ägypter antraten? In dem Werk *Die Geheimlehre* von H. P. Blavatsky wird wiederum auf Atlantis verwiesen: „Die Zivilisation der Atlantier war größer als selbst jene der Ägypter. Ihre entarteten Nachkommen, das Volk von Platos Atlantis, waren es, die die ersten Pyramiden in dem Lande erbauten, und das sicherlich vor Ankunft der 'östlichen Äthiopier', wie Herodot die Ägypter nennt."[37] Und weiter: „Die *menschliche* Dynastie der älteren Ägypter, beginnend mit Menes, hatte das ganze *Wissen* der Atlantier, obwohl kein atlantisches Blut mehr in ihren Adern floss."[38]

Sind die Pyramiden von Gizeh demnach – wie die sie bewachende Sphinx – atlantischen Ursprungs? Gehören sie einer Zeit an, als Ägypten noch nicht Wüste, sondern weitgehend ein furchtbares Weideland und nachweislich schon besiedelt war (der „Altsteinzeit")? Wer will es wissen! Man kann es nicht behaupten, aber sicherlich auch nicht widerlegen. Da sich die Traditionen der Ägyptosophie nach der islamischen Eroberung im Jahre 641 n. Chr. an das Arabertum forterbten, so wollen wir hier nochmals die Meinung des arabischen

Gelehrten aus dem 15. Jahrhundert, Muhammad al-Makrizi, anführen. Dieser vertrat ja die Ansicht, dass die Pyramiden „nur vor der Sintflut erbaut" sein konnten, und als Erbauer nennt er keinen Geringeren als den biblischen Henoch, den er auch den „ersten Hermes" nennt: „Es gibt Leute, die sagen: Der erste Hermes, welcher der Dreifache in seiner Eigenschaft als Prophet, König und Weiser genannt wurde (es ist der, den die Hebräer Henoch, den Sohn des Jared, des Sohnes des Mahalalel, des Sohnes des Kenan, des Sohnes des Enos, des Sohnes des Seths, des Sohnes Adams – über ihm sei Heil – nennen, und das ist Idris), der las in den Sternen, dass die Sintflut kommen werde. Da ließ er die Pyramiden bauen und in ihnen Schätze, gelehrte Schriften und alles, worum er sich sorgte, dass es verloren gehen und verschwinden könnte, bergen, um die Dinge zu schützen und wohl zu verwahren."[39]

So spannt sich ein geistiger Verbindungsfaden vom Urvater Henoch, dem großen Eingeweihten der vorsintflutlichen Welt, zum pharaonischen Ägypten und zur ägyptischen Pyramidenkultur. Henochs Nachfolger Hermes Trismegistos wird gleichfalls mit den Pyramiden in Verbindung gebracht. In Lenglet du Fresnoy's *Histoire de la Philosophie Hermetique* (1742) wird behauptet, dass Thot oder Athotis, den die Griechen Hermes Trismegistos nannten, in Wahrheit *Siphaos* geheißen und als Priester oder König um 2000 v. Chr. in Ägypten gelebt haben soll. Er soll auch Bücher der Weisheit verfasst haben, wohl die Urfassungen der späteren *Hermetica*, die bis heute verschollen sind. Als Verwahrungsort dieser Geheimschriften kommen sicher in erster Linie verborgene Kammern der Pyramiden in Frage.

In diesem Zusammenhang verdient auch die Bemerkung des Plinius Beachtung, der im 17. Kapitel seiner

Naturgeschichte schreibt, dass der Sphinx ein Grabmal darstelle, in dem ein gewisser König Harmais liege: „Vor diesen Pyramiden steht die Sphinx, eine Gottheit der dortigen Bewohner, welche noch weit mehr Bewunderung verdient, aber von den Schriftstellern fast mit Stillschweigen behandelt wird. In ihr soll der König Harmais begraben liegen, sie selbst aber anderswoher gebracht worden sein ...“[40] König *Harmais* – könnte nicht *Hermes*, der Dreimalgrößte, damit gemeint sein? Hat dieser große Eingeweihte, bevor er in den Himmel aufstieg, seine Geheimschriften dort aufbewahrt, wo sich seine sterblichen Überreste befanden – „nahe der Heiligtümer des Osiris“, also im Inneren des Sphinx?

Wurde Henoch einst, nach dem Zeugnis der Bibel, „in den Himmel entrückt“, stieg Hermes „zu den Sternen auf“, um dort in Gesellschaft der Götter zu verweilen, so dienten die Pyramiden offensichtlich der Himmelfahrt des Pharao. Die Esoterik der Pyramiden besitzt einen henochisch-hermetischen Hintergrund. Die Pyramide kündet vom Mysterium der Himmelfahrt des gottgewordenen Eingeweihten; in der Nachfolge von Henoch und Hermes, den ersten zum Himmel Aufgestiegenen, steigt der geistverklärte Pharao zu den kosmischen Sphären hoch, um wieder heimzukehren in seine göttliche Urheimat oben im Himmel.

IHS
COLLEGII ROM
Soc. Jesu
MUSÆUM

# Die Hermetik als Weg der Selbst,- All- und Gott-Erkenntnis

## Das hermetische Schrifttum

In der ausgehenden Antike und im Mittelalter galt Hermes Trismegistos – der Beiname bedeutet der *Dreimalgrößte* – als einer der größten Wissenden aller Zeiten. Seine Weisheit soll angeblich in vielen Büchern niedergelegt worden sein, doch die Angaben hierüber gehen stark ins Legendäre. Ganz fabelhafte Angaben über die Schriften des Hermes Trismegistos finden sich bei Jamblichus, wonach Seleukos ihre Zahl auf 20.000, Manetho auf 36.525 angab; letztere Zahl entspricht den Jahren von 25 Sothisperioden.

Der Kirchenvater Clemens Alexandrinus spricht von insgesamt 42 Büchern, von denen 36 die gesamte ägyptische Philosophie enthielten und von den Priestern auswendig zu lernen wären; vier von den 36 Büchern seien astronomischen Inhalts und 6 weitere medizinischen Inhalts. Von drei der astronomischen Bücher gibt Clemens den Inhalt an: Beschreibung des Sternhimmels; Sonnen- und Mondphasen; Sternaufgänge. Alte Texte dieser Art mochte es in Ägypten tatsächlich gegeben haben; und sie wurden später auf Geheiß der Ptolemäer ins Griechische übersetzt.

Was immer die Legende über die Bücher des Hermes Trismegistos sagen mag – tatsächlich erhalten geblieben ist ein Corpus von authentischen hermetischen Schriften religiös-philosophischen und esoterischen Inhalts in griechischer, lateinischer und koptischer Sprache. Dieses Schrifttum geht ganz offenkundig nicht auf *einen* Verfasser zurück, sondern wurde von mehreren unbekannten Autoren geschrieben, wenngleich Hermes Trismegistos dabei stets als Verfasser genannt wird. Zum Corpus der hermetischen Schriften zählen wir folgende Texte:

(1) Ein in griechischer Sprache abgefasster Corpus von 15, nach Reitzensteins Zählung 18 Dialogen, der mit dem *Poimandres*-Dialog beginnt und unter dem Namen *Corpus Hermeticum* bekannt geworden ist;

(2) Einen lateinisch abgefassten Dialog unter dem Titel *Asclepius*;

(3) Die von Stobaeus unter dem Titel *Anthologia* gesammelten Exzerpte, darunter als längstes und bedeutendstes das fragmentarische Buch *Kore Kosmou*, ein fiktiver Dialog der Isis mit ihrem Sohn Horus;

(4) Die hermetischen Texte aus dem Papyrusfund gnostischer Originaltexte von Nag Hammadi, Mittelägypten, in koptischer Sprache abgefasst, darunter vor allem der Traktat *Über die Achtheit*;

(5) Die arabischen Hermetica, entstanden in der Frühzeit des Islām, vor allem das Schreiben *An die menschliche Seele*;

(6) Als früher alchemistischer Text, ursprünglich wohl auch in Arabisch geschrieben, die berühmte *Tabula Smaragdina*.

Das *Corpus Hermeticum* ist eine handschriftlich überlieferte Sammlung, oft nach der ersten darin enthaltenen Schrift auch *Poimandres* genannt, die wir vermutlich Michael Psellos zu verdanken haben; in diesem Zusammenhang verdient auch die Aussage des Kirchenlehrers Cyrill Beachtung, dass die Bücher des Hermes Trismegistos „in Athen geschrieben worden seien". Da der Alchemist Zosimos, der dem 4. Jahrhundert n. Chr. anzugehören scheint, das ganze Corpus unter dem Titel *Poimandres* kennt, wurde es – wohl in neuplatonischen Kreisen – sicherlich schon gegen Ende des Altertums zusammengestellt. Von allen hermetischen Schriften ist das *Corpus Hermeticum*, das eindeutig den Geist einer spätantiken, alexandrinisch-hellenistischen Gnosis atmet, philosophisch das bedeutsamste; es dürfte nach E. Zeller keiner früheren Zeit als „den letzten Jahrzehnten des dritten Jahrhunderts n. Chr."[41] angehören.

Das *Corpus Hermeticum* enthält eine Kosmologie (vor allem im *Poimandres*-Dialog), eine Anthropologie und einen Seelen-Erlösungsweg, eine Bekehrungspredigt, zahlreiche Lehrgespräche, mehrere Hymnen mystisch-religiösen Inhalts, daneben aber auch eher philosophische Dialoge im Stil Platons. In den Dialogen treten als Gesprächspartner Hermes, That und Asclepius auf, die beiden letzteren aber bloß als Fragende; Tat (wohl hergeleitet von Thot) scheint der leibliche Sohn des Hermes Trismegistos zu sein, der von diesem in die Grundthemen der hermetischen Philosophie eingeweiht wird. Aber die stark an Platon erinnernde Sprache, auch die Übernahme einiger seiner Philosopheme, wie insbesondere der Ideenlehre, darf nicht den Eindruck aufkommen lassen, das *Corpus Hermeticum* sei ein philosophischer Text im schulmäßigen, akademischen Sinne. Wir haben es hier vielmehr mit einem nur äußerlich gesehen philosophischen (und auch das nur an einigen Stellen), im Wesenskern aber eindeutig mystischen Text zu tun. Es handelt sich um die kanonische Schriftensammlung einer mystisch-gnostischen Geheimreligion. Obgleich im hellenistischen Ägypten des 3. nachchristlichen Jahrhunderts entstanden, trägt das *Corpus Hermeticum* doch nirgendwo Spuren ägyptischer Götterlehre; das Ägyptische dient fast nur als Einkleidung und symbolische Ausschmückung. Am ehesten findet man Ägyptisches im Dialog *Asclepius*, obwohl selbst dort die Götternamen hellenisiert werden.

Der hermetische Dialog mit dem Titel *Asclepius* liegt uns nur in einer lateinischen Fassung vor, die lange Zeit dem aus Nordafrika stammenden römischen Autor Apuleius (geb. um 125 n. Chr.) zugeschrieben wurde. Dem Kirchenlehrer Lactantius war jedoch um das Jahr 310 n. Chr. noch das griechische Original bekannt. Es ist zu vermuten, dass der ganze, in drei Teile gegliederte Dialog in den Jahren zwischen 270 und 300 n. Chr. entstanden sein muss. Der Verfasser ist unbekannt; es könnte sich aller Wahrscheinlichkeit nach um einen Ägypter – möglicherweise gar um einen Priester – mit hellenistischer Bildung und einigen Kenntnissen der griechischen Philosophie gehandelt haben.

Der ganze Dialog gliedert sich in drei Teile: 1. Vom Menschen; 2. Vom Ursprung des Bösen; 3. Vom Kult der Götter. Der Dialog *Asclepius* war im Altertum auch unter dem Namen *logos teleios* – die „Krönungsrede" des Hermes Trismegistos – bekannt; es handelt sich dabei um eine sehr vertrauliche Unterredung, die Hermes mit seinem Lieblingsschüler Asclepius sowie mit Ammon und Tat geführt hat. Die Reden des *Asclepius*-Dialoges verstehen sich also als geheime Tempellehren.

Zu nennen wäre noch das hermetische Buch *Kore Kosmou*, das in griechischer Sprache abgefasst und unter den Stobaeus-Fragmenten zu finden ist. Johannes Stobaios war ein Schriftsteller des 5. Jahrhunderts n. Chr. aus der Stadt Stoboi in Makedonien; seine *Anthologie* in 4 Büchern berücksichtigt nach Sachkapiteln die griechische Literatur von Homer bis zum 4. Jh. n. Chr. als Sammlung von Auszügen von etwa 500 Dichtern und

Prosaikern. In dieser Sammlung befindet sich neben Texten von Neupythagoreern und Neuplatonikern eine stattliche Anzahl von hermetischen Fragmenten, die sonst nirgendwo erhalten geblieben sind.

Die *Anthologie* des Stobaeus hat lange Zeit nachgewirkt, so auf den Patriarchen Photios und auf die führenden Geister der Renaissance. Unter den Texten dieser Sammlung sticht der Dialog *Kore Kosmou* besonders hervor. Kore Kosmou bedeutet kosmische Jungfrau: die Allgöttin Isis ist damit gemeint, die ihren Sohn Horus in die Geheimlehren des Hermes einweist. Den Mittelpunkt des Textes bildet ein gnostisch oder orphisch anmutender Sündenfall-Mythos, der den Sturz der Seelen aus den Regionen des Himmels in die Elementarwelt veranschaulicht.

Unter den bahnbrechenden Papyrusfunden gnostischer Originaltexte nahe des Weilers Nag Hammadi finden sich im Kodex VI auch bisher unbekannte hermetische Texte, allesamt in koptischer Sprache: 1. ein Dialog zwischen Hermes und Tat über die Achte oder die Fixsternsphäre, *Über die Achtheit*; 2. ein hermetisches Gebet, das uns auch in griechischer Fassung vorliegt, bekannt als Papyrus Mimaut, und in lateinischer Übersetzung den Schlussteil des *Asclepius* bildet; 3. schließlich ein in die koptische Sprache übersetzter Passus aus dem *Asclepius*. Die Funde von Nag Hammadi werfen ein völlig neues Licht auf die Hermetik. Sie weisen einen engeren Bezug zur Magie und zur kultisch-liturgischen Praxis auf und lassen insgesamt eine größere geistige Nähe zur Gnosis erkennen, als man bisher angenommen hatte.

Dass die Hermetik mehr ist als bloß eine rein hellenistische Erlösungsreligion, beweisen auch die wenigen uns bekannten Hermetica in arabischer Sprache. Obwohl sich im *Corpus Hermeticum* noch keine Anzeichen eines eigenen Kultes erkennen lassen, gab es in späterer Zeit offensichtlich organisierte Kultgemeinden gnostischen Charakters, die sich auf die Offenbarungen des Hermes Trismegistos beriefen und heilige Bücher unter seinem und des Agathos Daimon Namen besessen haben. Gemeint ist die mesopotamische Gemeinde der Sabier oder Harraniter, die bis tief in die islāmische Zeit hinein bestanden hat.

Eine große Rolle spielte Hermes Trismegistos bei den Arabern, die ihn als Verfasser philosophischer, astronomischer und medizinischer Bücher sahen; Masala (um 800 n. Chr.) behauptet, 24 astrologische Werke von ihm zu kennen. Die einzige nicht-islāmische arabische Handschrift der Leipziger Rats- und Stadtbibliothek enthält im zweiten Teil ein in der Grundtendenz stark asketisches Sendschreiben des Hermes *An die menschliche Seele*, das schon 1736 die Aufmerksamkeit Reiskes fesselte und 1870 von H.-L. Fleischer in deutscher Übertragung herausgegeben wurde. Als Verfasser vermutet Fleischer „einen mit Gnosticismus, Neuplatonismus, Manichäismus, oder überhaupt orientalischer Theosophie vertrauten Christen; Stil und Sprache bestätigen dies und deuten ausserdem auf Aegypten hin"[42].

Einige der arabischen Hermetica wurden schon im Mittelalter ins Lateinische übertragen und z. B. von Albertus Magnus in seinem *Speculum astronomicum* benutzt, sodass der Name des Hermes als eines großen Weisen der Vorzeit dem Abendland übermittelt wurde. Der bekannteste aller hermetischen Texte arabischer Herkunft ist die sogenannte *Tabula Smaragdina*, die Smaragdtafel des Hermes Trismegistos. Sie brachte Hermes den Ruf ein, Begründer der Alchemie zu sein und den magischen Stein der Weisen zu besitzen.

## Grundgedanken der Hermetik

Nach den Lehren der Hermetik ist Gott keine von der Welt getrennte, über oder außerhalb der Welt schwebende Wesenheit, auch kein Erster Beweger, der die Schöpfung von außen her anstößt, sondern vielmehr eine der Welt immanente, schaffende und bewegende Urkraft, die Alles in sich beschließt und beständig am Sein erhält. Diese immanente Welten-Gottheit wird als das Gute bezeichnet und zugleich als Strahlquelle allen geistigen Lichts. Selbst der Geist, eigentlich ja das höchste Prinzip im Universum, ist nur eine Abstrahlung jenes Gottes, der Alles in Allem ist und insofern Schöpfer und Geschöpf zugleich.

In dieser pantheistischen Sicht des Weltganzen kann es keinen Dualismus zwischen Gott und Welt geben, die gleichsam nur zwei unterschiedliche Aggregatzustände derselben Wirklichkeit darstellen. Ähnlich wie in der indischen Vedanta-Philosophie kreist in der Hermetik alles Denken um das All-Eine; denn Gott ist ja das All in seiner Gesamtheit. In einem Dialog mit seinem Jünger Asclepius sagt Hermes Trismegistos:

*„Denn alles Bestehende, oh Asclepius, ist in Gott; es ist von Ihm erschaffen worden und daher auf Ihn hingeordnet (...). Es gibt nichts, das nicht in Gott wäre; und es gibt nichts, in dem nicht Gott wäre. Nein, ich sage nicht, dass Gott Alles in sich enthält, sondern ich sage, um die volle Wahrheit auszusprechen, dass Gott Alles ist."*[43] In einem Gespräch mit seinem Sohn Tat sagt Hermes: *„Gott ist das All, und es gibt nichts, was nicht im All eingeschlossen wäre. Daher gibt es weder Größe noch Raum, noch Qualität, Form oder Zeit außerhalb Gottes, der ja Alles ist, allumfassend und alldurchdringend. Diesen Gott, mein Sohn, bitte ich dich zu verehren und anzubeten; es gibt aber nur eine Form der Gottverehrung: frei von Übel zu sein!*[44]

Aus dem all-einen Gott ist das All hervorgegangen, und dorthin wird es dereinst wieder zurückkehren. Aller Vielheit, allem Wandel dieser trügerischen Sinnenwelt liegt eine letzte große Einheit zugrunde, in der Welt und Gott – nur scheinbar getrennt – zusammenschmelzen zu einer geist-erfüllten Ganzheit. Alles Einzeldasein, in welchen Formen es sich auch kundgeben mag, ist enthalten im Netzwerk der göttlichen All-Einheit, die immer war und ist und sein wird.

Man kann die Hermetik im wahrsten Sinne als eine kosmische Religion bezeichnen; der Kosmos erscheint in ihr nicht nur als eine *„Fülle des Lebens"*, sondern als ein großes Lebewesen, ein zeitliches Abbild des Ewigen, ein Gott in der Materie. Da der Kosmos als Abbild Gottes ein *„Zweiter Gott"* ist, so kann nichts im Kosmos je zugrundegehen; es gibt keinen Tod, sondern nur ewige unaufhörliche Metamorphose. Alles im Kosmos zeigt sich dem Hermetiker als energie- und lebenerfüllt, ständig in Bewegung, ständig in Umwandlung begriffen. So ist der Kosmos, besonders insofern er ewig währt, selbst etwas Göttliches. Der Mensch nun, selbst wieder ein Abbild des Kosmos, tritt somit als ein Kosmos im Kleinen, als Mikrokosmos auf den Plan. Er ist, da vom Kosmos gezeugt und geboren, der *„Dritte Gott"*, der allein das Vermögen besitzt, sich Kraft seines Geistes zum Zweiten und zum Ersten Gott aufzuschwingen.

Die Lehre vom Menschen als Drittem Gott wird im *Corpus Hermeticum* häufig entfaltet. So sagt Hermes zu seinem Sohn Tat: *„Der Erste Gott, der im wahrsten Sinne Ewige, Anfanglose, Ungewordene – das ist Gott, der Schöpfer des Universums; und der Zweite Gott ist der Kosmos, der – nach dem Bilde Gottes geschaffen – von Ihm allein auch gehalten und erhalten wird. (....) Und der Dritte Gott ist der Mensch, der nach dem Bilde des Kosmos geschaffen wurde.*

*Der Mensch unterscheidet sich von allen anderen lebenden Erdenwesen dadurch, dass er Geist hat, wie es der Vater wollte; und er befindet sich nicht nur in Verbindung mit dem Zweiten Gott, dem Kosmos, sondern er begreift mit seinem Geist auch den Ersten Gott. Den Zweiten Gott erkennt er als einen Körper, den Ersten Gott aber begreift er als körperlos.*"[45] Mit anderen Worten: *„Diese drei haben wir nun also – Gott, den Kosmos, den Menschen. Der Kosmos ist in Gott enthalten, und der Mensch im Kosmos. Der Kosmos ferner ist Gottes Sohn, der Mensch der Sohn des Kosmos und sozusagen Enkelsohn Gottes.*"[46]

Der Kosmos wird von Hermes Trismegistos in den Gespächen oft als ein *„unsterbliches Lebewesen"*, ja als das *„Erste unter allen Lebewesen"* bezeichnet, wie es wohl der Naturphilosophie entspricht, die Platon in seinem *Timaios*-Dialog entfaltet. Man kann die Hermetik als Einheits-Mystik und zugleich als Kosmos-Mystik charakterisieren. Hier besteht ein Hauptunterschied gegenüber den zahlreichen in der Spätantike aufblühenden Richtungen und Schulen der *Gnosis*, die einem stark dualistischen und kosmosfeindlichen Denken verpflichtet waren. Die Gnostiker sahen den sinnlich in Erscheinung tretenden Kosmos als eine feindliche Macht an, die sie an ihrem Aufstieg zum Licht hinderte; der Hermetiker sieht umgekehrt den All-Einen als den Gott, der sich in Allem und besonders im Kosmos offenbart.

Der Mensch ist in der Sicht der Hermetik ein sterblicher Gott. Dem Agathos Daimon, auch er eine Geistwesenheit und ein Lehrer der Hermetik, wird der Ausspruch in den Mund gelegt: *„Die Götter sind unsterbliche Menschen, und die Menschen sterbliche Götter"*. Wenn der Mensch in der Hermetik als ein kosmisches Wesen gesehen wird, dann muss die Menschwerdung eng mit der Entwicklung des Kosmos verbunden sein. Schildert die hermetische *Kosmogenesis* die Entstehung des Kosmos aus dem uranfänglichen Geist-Wort, die Formung der vier Elemente, der Planeten und der Erde, bis zur Bildung tierischer Lebensformen, so behandelt die *Anthropogenesis* das Geheimnis der Menschwerdung. Es geht in ihr um die Erschaffung des urbildlichen Geistesmenschen, um seine Herabkunft in die stoffliche Erdenwelt, schließlich um die Bildung menschlicher Urtypen und die Geschlechtertrennung.

Die hermetische Anthropogenesis betont zunächst den übersinnlich-geistigen Ursprung des Menschenwesens. Die in höchster Schau gesehene Gottheit, der universale Nous, bildet sein eigenes Ebenbild zum *Anthropos*, zum kosmischen Universalmenschen: *„Aber der Weltgeist und Allvater, der das Leben und das Licht ist, gebar den Menschen ( = Anthropos), ein Wesen wie Er selbst. Und Er erfreute sich an dem Menschen als einem Wesen gleichen Ursprungs; denn er war in seiner Ebenbildlichkeit des Vaters von überwältigender Schönheit. Es war also seine eigene Gestalt, die Gott an dem Menschen liebte; und so stellte Er ihm alles Geschaffene zu Verfügung.“*[47]

Der Anthropos als der urbildliche Geistes-Mensch weilt in der selben Sphäre wie der Demiurg, also oberhalb der Planetensphären; als er aber die aus feurigem Äther gebildeten Schöpfungen des Demiurgen sieht, erwacht in ihm der Wunsch, selbst schöpferisch tätig zu werden. Diesem Wunsch wird von Seiten des Nous stattgegeben; und als der Anthropos auf die weit unter ihm liegende Erde hinabsieht, erblickt er in der Natur ein Spiegelbild seiner eigenen göttlichen Gestalt. Von diesem Spiegelbilde wie magisch angezogen, stieg er – die Planetensphären durchbrechend – zur Natur hinab, mit der er sich innig vermählte. Daraufhin erschuf die Natur in Verbindung mit dem zur Erde hinabgestiegenen Anthropos die sieben menschlichen Urtypen, die als Hermaphroditen noch beide Geschlechter ungeschieden in sich trugen. Erst eine spätere Schöpfungsperiode bringt die Geschlechtertrennung mit sich; und seitdem vermehren sich die Menschen geschlechtlich.

So ist der Mensch in der hermetischen Philosophie ein in die Materie hinabgestiegener Gott; ein zutiefst zwiespältiges Wesen, das sowohl die irdische Stoffesnatur als auch die ewige Geistesnatur als Bestandteile seines Wesens in sich trägt:

*„Und das ist der Grund, warum der Mensch im Unterschied zu allen anderen Lebewesen auf der Erde zwiefältig ist, sterblich zwar auf Grund seiner körperlichen Natur, aber unsterblich auf Grund seiner ewigen Menschennatur. Als Unsterblicher hat er alle äußerlichen Dinge in seiner Gewalt; und doch erleidet er das Los der Sterblichkeit, als ein dem Schicksalswalten Unterworfener. Er ist weit über alle Himmelssphären erhaben; und doch ist er von Geburt an ein Sklave der Schicksalsmacht. Er trägt wie sein männlich-weiblicher Vater beide Geschlechter in sich, und wie sein Vater lebt er ohne je zu ruhen; und doch wird er beherrscht von sinnlichen Trieben und von Vergesslichkeit.“*[48]

Nach der Kosmo- und Anthropogenesis beschreibt die Hermetik den Aufstiegsweg des Menschen zu seinem Ursprung, zum Göttlich-Urbildlichen. Dieser Weg vollzieht sich in drei Stufen: zuerst die Ablegung des physischen Leibes, sodann der schrittweise Aufstieg durch die Planetensphären und die Fixsternsphäre, zuletzt das Einswerden des Menschen mit Gott durch Erkenntnis, die Gottwerdung oder *Theogenesis*. Hermes Trismegistos sagt in den Gesprächen mit seinen Jüngern, es sei Gottes Wille, *„dass alles Menschliche sich zum Göttlichen wandeln soll“* – das Ziel der Hermetik liegt also in einer Alchemie der Seele, einer Transmutation des Menschen in eine Geistwesenheit. Der aus den vier Elementen gebildete Mensch bleibt zwar unabdingbar an den Schicksalsspruch der Planetengötter gebunden, doch gilt dies nur für diejenigen Menschen, die den Geist (im Sinne von Nous) nicht besitzen. Geist im Sinne von Logos – Verstand, Rede – ist zwar allen Menschen von Natur aus eigen, der Nous als das Göttlich-Geistige jedoch nicht. Der Nous ist ein Geschenk Gottes, das nur ganz Wenigen zukommt, und von diesen wird dann gesagt: *„Die aber Anteil an dem Geschenk Gottes haben, die sind im Vergleich mit den anderen Sterblichen wahrhaft Unsterbliche: denn mit ihrem Geist können sie die Ganzheit aller Weltdinge umfassen, die irdischen ebenso wie die himmlischen, ja selbst die über dem Himmel befindlichen Dinge, sofern es sie gibt; und auf dieser Höhe der Schau sehen sie das Gute."*[49]

Anders als der Verstand ist der Geist wahrhaft göttlicher Natur; er befreit den Menschen vom Bann der planetaren Schicksalsgötter und öffnet ihm die Tore zum Gott-Wissen. Im IV. Buch des *Corpus Hermeticum* (*Das Kelchgefäß*) ist von einem Kelchgefäß des Geistes die Rede, in dem die zur Gottwerdung Auserwählten getauft werden sollen. Im XIII. Buch (*Eine Geheimrede des Hermes Trismegistos an seinen Sohn Tat: Über die Wiedergeburt*) erfahren wir, wie das Mysterium der Wiedergeburt im Geiste vor sich geht. Unter Wiedergeburt verstehen wir in der Hermetik die Geburt aus dem physischen Körper hinaus und in einen unsterblichen Geistkörper hinein; ein so Wiedergeborener wird ein „Sohn Gottes" genannt, und er trägt das All in sich. Von ihm darf dann gesagt werden: *„Er ist das All und auch in Allem; denn er hat keinen Anteil mehr an körperlicher Substanz; vielmehr hat er Anteil an der Substanz des Geistigen, und er ist vollständig aus göttlichen Energien zusammenge-*

*setzt.*"[50] Der Wiedergeborene, der in die Hermetik Eingeweihte, hat das mystische All-Einheits-Bewusstsein erlangt; er ist mit dem Kosmos und insofern auch mit Gott einsgeworden. Als Hermes' Sohn Tat die Wiedergeburt erlangt hat, bekennt er: *„Vater, nun da ich mit den Augen des Geistes sehen kann, sehe ich mich als das All. Ich bin im Himmel und auf der Erde, im Wasser und in der Luft, in Tieren und in Pflanzen; ich bin ein Kind im Mutterleib, ein noch nicht empfangenes und ein schon geborenes Kind; ich bin überall anwesend.“*[51]

Im Besitz einer geläuterten Geistleiblichkeit steigt der hermetisch Eingeweihte durch die sieben Planetensphären empor, und indem er die Fixsternsphäre durchschreitet, wandelt er sich, wird selbst einer der Götter im All, bis er zuletzt eins wird mit jener Weltengottheit, die als das urewige *hen to pan* „Eins in Allem" ist. Diese Selbstumwandlung, die Transmutation vom Menschen zum Gott und All-Einen, ist das Ziel der esoterischen Alchemie; dies bedeutet die Verwandlung von Blei in Gold. *Transmutemini in vivos lapides philosophicos! –* „Verwandelt euch in lebendige Steine des Weisen!" (Gerhard Dorn, 16. Jahrhundert)

### Wie oben, so unten – der Analogiesatz

Von Hermes Trismegistos stammt auch die Erkenntnis, dass die niederen und die höheren Welten einander genau entsprechen: „Wie oben, so unten", und umgekehrt: „Wie unten, so oben". Eingraviert stehen diese zeitlos gültigen Wahrheitsworte in der Tabula Smaragdina, wo es in Satz 2 heißt: *„Was das Untere ist, ist wie das, was das Obere ist".*

Wie ein Kommentar zu diesem Satz liest sich jener Passus aus dem Buch *Kore Kosmou*, wo Isis ihren Sohn Horus über die Mysterien des Weltganzen belehrt: *„Da* *der Himmel mit seinen vielen Kreisen, mein Sohn Horus, über der Welt der unteren Dinge liegt, so ist es zwingend, dass diese untere Welt in Ordnung gesetzt und mit Inhalt gefüllt wird von dem, was seinen Sitz oben hat; denn die unteren Dinge besitzen nicht die Macht, die obere Welt in Ordnung zu bringen. Die Kleineren Mysterien müssen daher den Großen unterliegen, denn das System der Dinge oben auf den Höhen ist stärker als die unteren Dinge, und überaus standfest, denn es kann nicht von den Gedanken sterblicher Menschen begriffen werden.*"[52]

„Wie oben, so unten" – man nennt diesen Satz das Analogiegesetz oder den hermetischen Satz schlechthin. Die niedere Welt der Stofflichkeit, gebildet aus den vier Elementen und dem feurigen Äther, und die höhere Welt, das heißt die astrale und geistig-göttliche Welt mit allen ihren Sphären, Hierarchien und Bewohnern – sie bilden einen engen Zusammenhang. Es besteht ein enger, unauflöslicher Wechselbezug zwischen den oberen und den unteren Welten, denn überall waltet das Prinzip der Analogie, der Entsprechung.

Den physischen Naturgesetzen entsprechen geistige Schöpfungsgesetze, dem sinnlich Wahrnehmbaren liegen geistige Urbilder zugrunde. In der Erkenntnis dieser geistigen Urbilder und Schöpfungsgesetze, die das All durchwalten, besteht die eigentliche Aufgabe der Esoterik, die sich nicht damit begnügen darf, bloß die niedrigsten Verdichtungsstufen des Schöpfungsganzen geistig zu durchdringen. Oft werden jene Schöpfungssphären, die über das rein Stoffliche hinausgehen, als okkult bezeichnet. Aber das Wort „okkult" bedeutet eigentlich nur „verborgen", und verborgen bleiben jene Sphären in der Tat demjenigen, der keinen Zugang zur Welt des Spirituellen besitzt. Nur dem spirituell Erwachten werden sich diese höheren Realitätsebenen in ihrer ganzen Seinsmacht offenbaren! Wir verwenden das Wort okkult im Sinne von transmateriell und geistig-göttlich, nie aber im Sinne von okkultistisch.

Statt „Wie oben, so unten" kann man auch sagen: „Wie im Himmel, so auf Erden". Mit der Erde ist hier das Reich der grobstofflichen Materie gemeint, mit dem Himmel jene höheren, unsichtbaren, „okkulten" Seins- und Wirklichkeits-Ebenen, die für den Verstandesmenschen bloße Phantasieprodukte, für den Esoteriker aber lebendige Geist-Realitäten sind. Alles Irdische ist vor- und urgebildet im Himmlischen: „Wie im Himmel so auf Erden. *Eine* Grundlage des Seins durchdringt wahrhaftig die ganze Existenz. Gerade diese Grundlage sollte der Menschheit helfen, die Hierarchie der Unbegrenztheit zu verstehen. Wer wird dann Zweifel hegen, dass in jedem irdischen Gegenstand der Wille eines Wesens ausgedrückt wird? Ohne Willen kann kein irdischer Gegenstand erschaffen noch in Bewegung gesetzt werden. So ist es auf Erden und ebenso ist es in der Höheren Welt."[53]

Der Satz „Wie oben, so unten" lässt sich gut nachweisen am Beispiel der Analogie zwischen Mensch und Kosmos. Wir fassen in der Hermetik das Weltganze als einen Kosmos auf, dies Wort zu verstehen im Sinne von Ordnung, Schmuck, Zierde und sinndurchwirktes Ganzes. Und es gibt ein allwaltendes Weltgesetz, dem wir alle unterstehen, das der wechselseitigen Entsprechung von Makrokosmos und Mikrokosmos. Stets ist das Kleine ein Abbild des Großen, das Untere ein Abbild des Oberen, der Mensch als geistbeseeltes Wesen ein Abbild des Universums. So ist es einerlei, ob man sagt: *Der Mensch ist ein Universum im Kleinen*, ein Abbild des Welten-Organismus, oder ob man sagt: *Das Universum ist ein Mensch im Großen*, das Urbild des Menschenwesens.

Der Mensch ist nicht nur ein irdisches, sondern auch ein kosmisches Wesen, und umgekehrt erweist sich der Kosmos als ein in jeder Hinsicht dem Menschen analoges Wesen.

In diesem Sinne verstand der Dichter Novalis (1772–1801) das All als ein dem Menschen in jeder Hinsicht ähnliches, mit Empfindung, Seele, Geist und Bewusstsein ausgestattetes Lebewesen: „Die Welt ist der Makroanthropos. Es ist ein Weltgeist, wie es eine Weltseele gibt. Die Seele soll Geist – der Körper Welt werden. Die Welt ist noch nicht fertig – so wenig wie der Weltgeist; aus einem Gott soll ein Allgott werden, aus *einer* Welt ein Weltall .... Bildung der Seele ist also Mitbildung der Weltseele und also indirekt religiöse Pflicht."[54] Wir sind ein Teil des Weltganzen, und in dem Maße, in dem wir uns selbst vervollkommnen, tragen wir bei zur Vervollkommnung des Kosmos. „Wenn der Geist der Wahrheit begreift, dass der Makrokosmos und der Mikrokosmos untrennbar miteinander verbunden sind, wird eine bewusste Verbindung hergestellt, und die Zusammenarbeit mit den kosmischen Energien wird möglich."[55]

Der Kosmos als „Großer Mensch", als *Makroanthropos*, wie Novalis es sagte – das bedeutet, dass der Kosmos belebt ist, ja dass er verschiedene Grade der Bewusstheit besitzt, die in einem kosmischen All-Bewusstsein gipfeln. Alles, was den Menschen ausmacht, nämlich die Dreiheit von Körper, Seele und Geist, muss somit auch auf den Kosmos zutreffen, wenn denn der Satz „Wie unten, so oben" gelten soll. Die Vorstellung vom Kosmos als einem belebten, beseelten und geistdurchwirkten Ganzen war den Weisen der Antike noch durchaus geläufig; erst der Ära des Materialismus blieb es vorbehalten, den Kosmos als eine unbelebte Masse toter Materie zu sehen, eine ganz irrige Sichtweise, die den wirklichen Schöpfungsgesetzen des Alls in keiner Weise entspricht.

Der Kosmos, esoterisch aufgefasst als Makroanthropos, besitzt Weltkörper, Weltseele und Weltgeist – alle drei aber innig miteinander verwoben und ein geistlebendiges Ganzes bildend. Der Weltkörper des Kosmos zunächst ist angefüllt von den zahlreichen Himmelskörpern, die das physisch sichtbare Universum bevölkern, wobei jeder davon selbst wieder einen Makroanthropos oder „vergrößerten Menschen" darstellt. Denn auch das verlangt das Gesetz der Analogie, dass die Himmelskörper im All menschenähnliche Wesen sind, nicht ihrer Gestalt, aber wohl ihrer Wesenszusammensetzung nach. Die Weltseele des Kosmos umfasst ebenfalls unzählige Welten, nur eben feinstoffliche, astrale, die unser physisches Auge nicht wahrzunehmen vermag. Der Weltgeist ist jenes denkende Universalbewusstsein, das den Kosmos und alles Belebte darin durchdringt.

Die Dreiheit von Weltkörper, Weltseele und Weltgeist offenbart das Geheimnis der drei Welten, die urbildhaft im Makrokosmos, abbildhaft im Mikrokosmos existieren. Diese drei Welten heißen – die physische Welt, die in ihrer Gesamtheit einen großen Weltkörper bildet; die von der Weltseele durchdrungene astrale Welt; und die geistig-göttliche Welt, die als unendliche Vielheit ewig-existierender Welten im Weltgeist enthalten ist. Die *Geheimlehre* nennt diese drei Welten „die *Präexistierende*, evolviert aus der *Ewigexistierenden*, und die *Phänomenale* – die Welt der Täuschung, des Widerscheins, und des Schattens davon."[56]

Auch in der alchemistischen Philosophie wird von einer Dreiteilung der Wirklichkeit ausgegangen. So sagt der Alchemist Robert Fludd (1574–1637), und er befindet sich damit vollkommen in Einklang mit der uralten hermetischen Weisheit: „Der Makrokosmos ist in 3 Hauptregionen eingeteilt: *Empyreum* (spirituelle Welt), *Aetherium* (Astralregion) und *Elementarregion* (materielle Welt); jede ist mit himmlischem Feuer angefüllt und von unzähligen Ozeanen von Astrallicht durchdringen, dessen Quantität und Qualität sich verringert, je weiter entfernt die Region von der Zentralsonne ist. Die Vereinigung des himmlischen Feuers und des Astrallichts konstituiert die Seele des Universums."[57]

Diese drei Welten unterscheiden wir also – die elementare, die astrale und die geistig-göttliche Welt; oder Weltkörper, Weltseele und Weltgeist. Der Mensch als Mikrokosmos hat Anteil an allen diesen drei Welten. Wir sind nicht nur Teile des Weltganzen, sondern wir tragen ein Abbild des Weltganzen in uns. Deshalb ermahnt uns der Satz „Wie oben, so unten" zu vertiefter Selbsterkenntnis. Erkennen wir also, dass wir ein All im Kleinen sind, ein Teilgeist aus dem unendlichen Geist Gottes. Wir sind ein Tropfen aus dem Ozean des göttlichen Urlichts. Alles tragen wir in uns, selbst ein kleines feuriges Abbild jener geistigen Ur- und Zentralsonne, die das makrokosmische All erleuchtet.

## Die Welt als Erscheinung Gottes

In einer Rede des Hermes Trismegistos (*Der verborgene Gott,* Corp. Herm. V) wird der Gedanke ausgeführt, dass Gott als der All-Offenbarer sich in allen sichtbaren Dingen der Welt kundgibt; die Welt ist eine Theophanie, eine Erscheinung Gottes. Es ist ein Gedanke, der später bei den großen Mystikern des Abendlandes immer wieder auftauchen wird. In seinen berühmten Predigten spricht Meister Eckhart (1260–1327) von dem wahrhaft Gottgeeinten, dem „alle Dinge lauter Gott werden". Er sagt: „Wer Gott so im Sein hat, der nimmt Gott göttlich, und dem leuchtet er in allen Dingen, denn alle Dinge schmecken ihm nach Gott, und Gottes Bild wird ihm aus allen Dingen sichtbar."[58] Aber hören wir die Worte des Hermes Trismegistos:

*„Und wie Alles in Sinnesbildern in Erscheinung tritt, so erscheint auch Er selbst durch Alles und in Allem, und zwar besonders denen, welchen Er sich offenbaren will. (....) Wenn Du Ihn also sehen willst, so wende Deinen Geist auf die Sonne, wende ihn auf den Lauf des Mondes, auf die Ordnung der Gestirne. Wer ist es, der diese Ordnung aufrecht erhält? Die Sonne, Helios, ist der größte der Himmelsgötter; ihm – ihrem Großkönig und Hochmeister – gewähren die anderen Himmelsgötter Raum; und doch: diese machtvolle Gestalt, größer noch als Mutter Erde, größer als das Weltmeer, sie fügt sich doch darin ein, dass kleinere Sterne noch höher als sie ihre Bahn ziehen. Wer ist es denn, mein Sohn, dem sie mit Ehrerbietung und Hochachtung Gehorsam erweist? Und weiter: Jeder dieser Gestirne ist in festgelegte Grenzen eingeschlossen, jeder hat einen genau vorgeschriebenen Raum, sich dort und nur dort zu bewegen. Warum laufen die Sterne nicht über den Himmel wie ungezügelte Rosse? Wer ist es, der jedem von ihnen seinen Platz zugewiesen hat, jedem die Spannweite seines Himmelslaufes festgelegt hat?*

*Und der Nordstern, der sich allein um sich selbst dreht, und dabei den ganzen Sternenhimmel mit sich zieht, wer hat ihm wohl diese Aufgabe zugewiesen? Wer hat das Meer auf seine Grenzen gewiesen, wer die Erde fest auf ihren Platz gegründet? Einer muss da sein, mein Sohn, der Schöpfer und regierender Geist all dieser Dinge ist; unmöglich dass Ort und Grenze von Allen eingehalten werden; nur das Ungeschaffene ist außerhalb von Ort und Grenze. Ja noch mehr: selbst das, was außerhalb von Ort und Grenze existiert, ist nicht ohne Meister. Und wenn es noch irgendetwas geben sollte, das in Unordnung ist, so ist doch selbst diese Unord-*

*nung dem Meister unterstellt; er hat diese Unordnung aber noch nicht in Plan und Ordnung gebracht.*

*Wenn es Dir nur möglich wäre, Flügel zu haben, um Dich mit ihnen in die Lüfte emporzuschwingen! Zwischen Erde und Himmel schwebend würdest Du die festgegründete Erde sehen, das wogende Weltmeer und die dahinströmenden Flüsse; die wehenden Lüfte auch, das alles durchdringende Feuer, den Lauf der Sterne, und die sanfte Bewegung des allumfassenden Himmelsraumes. Was für ein Glück wäre das, mein Sohn, alles dies von einem machtvollen Impuls bewegt zu sehen, und Ihn den selbst Unbewegten als den Beweger aller Dinge zu erschauen, Ihn als den Verborgenen offenbar zu sehen in Seinen Werken! Solcher Art also ist die Ordnung des Universums. Wenn Du Ihn aber in sterblichen Kreaturen sehen willst, sowohl denen auf Erden als auch denen in der Tiefe des Meeres, dann denk daran, mein Sohn, wie der Mensch im Mutterleib geformt wird, erforsche sorgfältig die Kunst, die sich bei einem solchen Werk zeigt, und dann wirst Du herausfinden, was für ein Künstler der ist, der dieses recht gottähnliche Bildnis hervorgebracht hat. Wer ist es, der die Kreise der Augen gezogen hat, wer hat die Mündungen der Nüstern und der Ohren geschaffen, wer die Öffnungen des Mundes? Wer hat die Sehnen ausgestreckt und festgebunden, wer die Kanäle der Venen gegraben? Und wer ist es denn, der die Knochen hart hat werden lassen, wer hat das Fleisch mit Haut bedeckt? Wer hat die Finger voneinander getrennt, wer die breite Fläche der Fußsohlen gestaltet? Wer hat all die Röhrungen einst gebohrt? Wer hat das Herz in Gestalt eines Kegels gebaut und es mit Sehnen verbunden, wer hat die Leber breit, die Milz lang gestaltet? Und wer hat die Höhlungen der Lunge geformt, wer den Magen breit und geräumig gemacht? Wer ist es, der die ehrenhaften Körperteile so geformt hat, dass sie allseits sichtbar sind, die unschicklichen Körperteile aber so, dass sie bedeckt sind?*

*Hier siehst Du nun, wieviel Kunst auf das Material verwendet worden ist, und wieviel Kunstschaffen nur in einem einzigen Teilbereich enthalten ist. Alles dies ist überaus schön, alles in Einklang mit dem rechten Maß, und alles ist voneinander unterschieden. Wer hat dies alles hervorgebracht? Welcher Vater, welche Mutter? Wer anderes als der verborgene Gott, der alle Dinge nach Seinem Willen vollendet hat? Niemand sagt ja, eine Statue oder ein Portrait sei ohne einen Bildhauer oder Maler zustande gekommen; ist aber solch ein Werk wie all das Genannte etwa ohne einen Schöpfer entstanden? Wie blind doch die Menschen sind! Wie pietätlos, wie stumpfsinnig! Niemals, mein Sohn, entbehren die geschaffenen Dinge ihres Schöpfers!*"[59]

Hier wird keine wirkliche Einwohnung Gottes im Universum, etwa im pantheistischen Sinne, vertreten, sondern Gott offenbart sich nur indirekt im Universum, nämlich insofern als er der Schöpfer des Universums ist. Diese Argumentation wird sich jedoch bald ändern. Im folgenden Teil der Rede vollzieht Hermes nun wirklich die Wende zum Pantheismus, oder zumindest zum Pan-*en*-theismus: *Alles ist in Gott, und Gott ist in Allem.* Dies entspricht auch der All-Einheits-Erfahrung der Mystiker. Im übrigen ist dieser Abschnitt einer der brillantesten Texte des *Corpus Hermeticum*, der in seiner spirituellen Wucht, seiner Ekstase und seiner lyrischen Begeisterung nur mit den Meisterwerken der indischen Mystik verglichen werden kann – der Bhagavad Gita und den Upanishaden:

*„Wer überhaupt, oh Du große Gottheit, kann von Dir oder zu Dir sprechen; wer kann Dir Lobgesänge darbieten? Wohin soll ich mich denn wenden, wenn ich Dir ein Preislied singe? Aufwärts oder abwärts, inwärts oder außerwärts? Denn Du bist der Ort, in dem alle Dinge enthalten sind; es gibt keinen Ort außerhalb Deiner; Alles ist in Dir. Und welche Gaben sollte ich Dir wohl bringen? Alle Dinge sind ja*

*von Dir. Alles gibst Du, aber Du empfängst nichts; Du hast Alles, und es gibt nichts, das Du nicht hättest. Und zu welcher Zeit soll ich Dir denn Hymnen singen? Denn unmöglich ist es, auch nur irgendeine Zeit und Stunde zu finden, die von Dir getrennt wäre. Und wofür sollte ich Dir denn Dankeslieder singen? Für die Dinge, die Du geschaffen hast, oder für die, welche Du nicht geschaffen hast? Für die von Dir geoffenbarten Dinge, oder für die von Dir verborgenen?*

*Ja, womit soll ich Dir ein Lied singen? Bin ich denn ich selbst, oder habe ich irgendetwas für mich selbst? Bin ich denn überhaupt etwas anderes als Du? Was ich bin, das bist Du; was ich tue, das bist Du, und was ich sage, das bist Du. Du bist das All in seiner Ganzheit; es gibt nichts, was außerhalb Deiner wäre. Alle gewordenen Dinge, das bist Du, und alle nichtgewordenen Dinge, auch das bist Du. Geist bist Du, indem Du denkst; Vater, indem Du zeugst; Gott bist Du, indem Du schaffst; und das Gute bist Du, indem Du alle Dinge ihrer Vollendung zuführst.*"[60]

An diesem Teil der Rede, die eigentlich ein machtvoller Hymnus an die mystische Gottheit ist, wird das Stadium der völligen Einswerdung mit Gott erreicht. Es gibt hier keine Zweiheit mehr von Ich und Du, sondern sie sind beide einsgeworden, wie der Funke mit der Urflamme verschmilzt. Auch Meister Eckhart sagt: „Es ist Etwas in der Seele, das ist mit Gott so versippt, dass es mit ihm *eins* ist und nicht bloß vereint. (...) In Gott sind alle Dinge gleich und sie sind Gott selber."[61] Die Mystikerin Mechthild von Magdeburg (1210–1285) drückt es in einfachen begeisterten Worten so aus:

> Ich bin in dir, du bist in mir,
> Wir können einander nicht näher sein,
> Denn wir sind beide in eins geflossen
> Und sind in eine Form gegossen
> Und bleiben so ewig unverdrossen.[62]

Die Mystiker des Islām, die Sufis, bezeugen dieselbe Einheitserfahrung. Al-Halladj preist Gott mit folgenden Worten: „Ich bin der, den ich (liebend) begehre; und der, den ich (liebend) begehre, bin ich; wir sind zwei Geister, die (zusammen) in einem Körper wohnen. Wenn mam mich sieht, sieht man ihn; wenn man ihn sieht, sieht man uns."[63]

## Der Gnostische Yoga des Westens

Nach Prof. J. Quispel, Utrecht, sind die hermetischen Schriften nur verschiedene Variationen zu dem Thema *„Wer sich selbst erkennt, der erkennt das All"*. Die Weihinschrift des Apollotempels von Delphi – *gnoti seauton*, Erkenne Dich selbst – scheint auch der kategorische Imperativ der Hermetik gewesen zu sein[64]. Diese war, gleich dem Neuplatonismus und anderen spätantiken Geistesströmungen, nicht bloß intellektuelles Philosophieren, sondern ein Erlösungsweg, der die Befreiung der menschlichen Seele aus der irdischen Wandelwelt und ihre schließliche Vereinigung mit dem göttlichen All-Geist anstrebte.

So kann man die Hermetik vielleicht den *Gnostischen Yoga des Westens* nennen. Dies aber nur in einem uneigentlichen Sinne: denn weder ist die Hermetik eine Form oder Strömung der Gnosis in des Wortes üblicher Bedeutung, noch steht sie in irgendeinem direkten oder indirekten Bezug zu den Yogasystemen des klassischen Indien, wie sie etwa in den *Yoga-Sutras* des Patanjali oder in der *Bhagavad Gita* entfaltet werden. Wenn man jedoch das Wort *Yoga* in einem allgemeineren Sinne versteht, nämlich als das Streben nach Gott-Vereinigung und somit als die Quintessenz jeder Mystik überhaupt, dann kann man die westliche Hermetik durchaus mit den Yogasystemen Indiens in Bezug setzen, da die Erlangung transzendentalen Wissens und die Einheit mit Gott das Ziel beider darstellt.

Von den drei klassischen Yogawegen, *Karmayoga*, *Bhaktiyoga* und *Jnanayoga* ist es der letzere, der die Gott-vereinigung durch Erkenntnis anstrebt. *Jnanayoga* ist gewissermaßen der „Gnostische Yoga", weil er das *gnosein*, das Erkennen höher stellt als die Werke oder die verehrungsvolle Hingabe, wobei wie in der Hermetik Selbst-, All- und Gott-Erkenntnis eine untrennbare Einheit bilden. Transzendentales Wissen, *gnosis*, ist das höchste zu erlangende Gut, das Nicht-Wissen um Gott, die *agnosis*, das größte aller Übel. Im *Corpus Hermeticum* gibt es eine stark gnostisch anmutende Buß- und Bekehrungspredigt, in der es heißt:

*„Oh ihr Menschen, was stürmt ihr hinfort? Betrunkene seid ihr, die allzu gierig den starken Wein der Unwissenheit eingeschlürft haben, und so berauscht seid ihr davon, dass ihr ihn bald schon wieder ausspeien werdet! Steht still; ernüchtert euch; schaut aufwärts mit den Augen des Herzens, – und wenn nicht alle, dann doch wenigstens die, die es noch vermögen! Siehe, das Übel der Unwissenheit überschwemmt die ganze Erde, reißt die im Körper eingeschlossenen Seelen mit sich, und hindert sie so, je im Hafen der Erlösung ihren Anker zu werfen! Lasst euch nicht fortreißen von dieser gewaltigen Flut, sondern haltet euch an den Gegenstrom, die ihr noch den Hafen zu erreichen trachtet; und wenn ihr dort den Anker geworfen habt, vertraut euch einem Leiter an, der euch zu den Pforten des Gott-Wissens – der Gnosis – hingeleitet. Dort wird euch helles Licht erstrahlen, frei von aller Finsternis, und dort wird niemand mehr trunken sein; nein nüchtern sind sie dort alle, und mit dem Herzen erschauen sie Den, der nur mit dem Herzen geschaut werden will.*

*Zuerst freilich ist es notwendig, dass ihr jenes Gewand zerreißt, das ihr da tragt, – ein Gewebe der Unwissenheit, Stütze alles Bösen, Fessel der Verderbnis, – der lebende Tod fürwahr, ein empfindender Leichnam, das Grabmal, das ihr mit euch herum tragt, – ein Räuber im eigenen Haus, ein Feind, der das von euch Angestrebte hasst und euch das Gewünschte missgönnt! Solcher Art ist das Gewand, mit dem ihr euch bekleidet habt, und es greift euch und hält euch nieder, damit ihr nur ja nicht aufwärts schauen und die Schönheit des dort wohnenden Wahren und Guten betrachten möget. Denn dann würdet ihr ja die Bosheit dieses Dinges, dieses Gewandes zu hassen beginnen, indem ihr all seine Tücken gegen euch erkennt. Denn die wirklichen Sinnesorgane des Menschen macht es stumpf und unempfindend, indem es diese mit grobstofflicher Materie anfüllt, sie vollstopft mit ekelhaften Weltfreuden, damit ihr nur ja nicht das hört, was ihr hören sollt – und nicht das seht, was ihr sehen sollt!"*[65]

Dieses „Gewand", das uns bei der Selbst-Erkenntnis so sehr schadet, ist der physische Körper; alle Gnosis war von jeher körperfeindlich. Gnosis im Sinne der Hermetik ist jedoch alles andere als intellektuelle Verstandes-Erkenntnis; sie geht im Gegenteil immer mit wahrer Herzens-Frömmigkeit einher und ist gleichbedeutend mit Gottseligkeit. Nur eine wahrhaft von Gott entflammte Seele kann solche Art der Gnosis erreichen. So heißt es anderswo im *Corpus Hermeticum:* „*Und Gottseligkeit ist ja im Grunde nichts anderes als Gott-Wissen, Gnosis, und der um Gott Wissende ist daher auch immer vom Göttlichen angefüllt. Auch seine Gedanken sind göttlich; und sie sind vor allem nicht die Gedanken der Massen. (....) Aber der Gottverbundene wird Alles überstehen, indem er sich allein an das Gott-Wissen hält, an die Gnosis: für einen solchen Menschen sind in der Tat alle Dinge gut, selbst wenn sie für andere Menschen schlecht sein mögen. Ja selbst wenn ihm andere Menschen Übles vermachen, so sieht er all das im Lichte des Gott-Wissens. Daher wendet er, und nur er allein, alles Böse zum Guten."*[66]

Das Wort Gnosis kommt im hermetischen Schrifttum häufig vor. Üblicherweise versteht man unter diesem Begriff eine bestimmte Anzahl frühchristlicher Mysterienschulen und Kultvereine, die etwa vom 2. bis 5. Jahrhundert n. Chr. am Rande der Großkirche existiert haben. Sie lehrten die Selbsterlösung des Menschen durch Erkenntnis, die Befreiung aus der Gefangenschaft wiederholter Erdenleben und den Aufstieg durch die Planetensphären in die geistige Welt des *pleroma*. Das besondere Kennzeichen der christlichen Gnosis war jedoch der Dualismus: die materielle Welt glaubte man nicht von Gott, sondern von einem Widersacher Gottes geschaffen, dem Demiurgen, dessen Herrschaftsgewalt man sich zu entziehen suchte. Dieser Dualismus ist genau der Punkt, worin die hermetische Philosophie sich grundlegend von jeder christlichen Gnosis unterscheidet: die Hermetik betont immer wieder den All-Einheits-Gedanken, das *hen to pan* („Eins ist Alles"), das jeden Dualismus von vornhinein ausschließt.

In einem hermetisch gedachten Universum ist Gottes-Erkenntnis immer auch Kosmos-Erkenntnis; denn der Kosmos stellt selbst etwas Göttliches dar und ist eine Widerspiegelung der oberen geistigen Welt. Die hermetische Theosophie will die geistigen Gesetzmäßigkeiten des Alls sichtbar machen, will aufzeigen, „was die Welt im Innersten zusammenhält" – denn nur wer das All erkennt, wird eine Erkenntnis Gottes erlangen. Der Schlüssel zu beidem liegt in der Selbsterkenntnis, die Novalis den wahren Stein der Weisen, das die Welt umwandelnde Elixier nennt:

> Glücklich, wer weise geworden
> und nicht die Welt mehr durchgrübelt;
> Wer von sich selber den Stein
> ewiger Weisheit begehrt.[67]

Der Stein der Weisen ruht als das ewige Rätsel der Seele in uns selbst, und die hermetische Philosophie will dazu verhelfen, diesen *lapis philosophorum* zu gewinnen. Als ganzheitliches Weltbild möchte die Hermetik auf der Grundlage einer spirituellen Natur- und Kosmos-Erkenntnis den Aufstieg des Menschen zum Gott-Bewusstsein ermöglichen. Zugleich beinhaltet dieses Weltbild die Grundlagen aller okkulten Disziplinen, der Astrologie, der Alchemie und der Magie. Es wird aufgezeigt, wie sich der Mensch von den zwingenden Gestirneinflüssen befreien kann, wie er sich zum Selbst Schöpfer und zum Meister seines eigenen Schicksals erhebt. Indem der Mensch seinen Ursprung und seine wahre Menschennatur erkennt, gelangt er auf dem Durchgang durch die Sternensphären zu seinem eigentlichen, überkosmischen Ursprung und erlangt damit die Meisterschaft über alle niedere Materie. Das ist der hermetische Pfad, der in der Alchemie das „Große Werk" heißt, und den Dante in seiner *Göttlichen Komödie* als den Aufstieg des Menschen auf den Läuterungsberg und ins Paradies geschildert hat.

## Von der Schau des Guten

In dem Traktat *Ein Schlüssel für Tat* sagt der Eingeweihte Hermes Trismegistos zu seinem Sohn und Schüler Tat: *„Und es ist eine Eigentümlichkeit des Guten, dass es von dem erkannt werden kann, der in der Lage ist, es zu sehen."*[68] Wie kann das Gute „gesehen" werden? Einzig und allein durch geistige Schau. Die Rede ist hier aber von dem höchsten transzendenten Guten, von der „Idee" des Guten, die als schöpferisches Urbild in den höchsten Sphären des Geistes existiert.

Über diese transzendentale Idee des Guten schrieb einst Platon in seinem Hauptwerk *Politeia*: „Unter der

Idee des Guten denke dir nun das, was den erkennbaren Gegenständen Wahrheit und der erkennenden Seele Erkenntniskraft verleiht. Setze sie als Ursache unseres Wissens und als Ursache der Wahrheit, die wir erkennen. Aber du wirst recht tun, sie für etwas anderes und noch Höheres als die beiden hohen Dinge, Erkenntnis und Wahrheit, zu halten. Ebenso wie wir dort vernünftigerweise das Licht und den Gesichtssinn zwar für sonnenähnlich, aber nicht für die Sonne selbst erklären, so haben wir auch hier recht, jene beiden Dinge, Wissen und Wahrheit, für dem Guten ähnlich zu erklären, aber nicht eins davon für das Gute selbst zu halten. Das Gute muss noch über sie gestellt werden."[69]

Das Gute, im Rang noch höher als Erkenntnis und Wahrheit stehend, erscheint in der platonischen und hermetischen Tradition immer als etwas dem Licht zutiefst Verwandtes; ja es ist eigentlich transzendentales Licht. Aber ein Licht, das nicht blendet, nicht schadet: *„Tat: Vater, zur Genüge hast du mir meinen Anteil an dieser wunderbaren Geistesschau gegeben; und das Auge meines Geistes ist ja schon fast geblendet von dem Glanz dieser Vision. – Hermes: Aber nein, die Schau des Guten ist kein Feuerschein, wie etwa die Strahlen der Sonne; sie ist nichts, was auf uns herablodert und uns zwingt, die Augen zu schließen. Das Gute erstrahlt viel oder wenig, je nachdem, inwieweit der es Anschauende die Fähigkeit besitzt, die unkörperliche Ausstrahlung des Guten in sich aufzunehmen. Es ist viel durchdringender als sichtbares Licht, wenn es über uns hereinbricht, aber es kann uns nie irgendwie verletzen; denn es ist ja voll unsterblichen Lebens. Selbst jene, die mehr als andere diese Geistesschau des Guten einsaugen konnten, sind doch immer und immer wieder in tiefblinden Körperschlaf eingesunken; aber befreit vom Körper haben sie die Erfüllung dieser entzückenden Schau erreicht, wie schon unsere Voreltern*

*Uranos und Kronos.*"[70] Warum spricht Hermes Trismegistos von „unseren Voreltern Uranos und Kronos"? – Hier muss an den mythischen Stammbaum erinnert werden, wonach der Begründer der hermetischen Philosophie von jenem Gott Hermes abstammt, der alten Überlieferungen zufolge aus der Verbindung zwischen Zeus und der Nymphe Maia hervorging; Zeus aber ist ein Sohn des Titanen Kronos und Enkel des Himmelsgottes Uranos. Hermes Trismegistos sieht sich also, als Sohn des Gottes Hermes, als Abkömmling eines vorzeitlichen Göttergeschlechtes.

Doch zurück zum Thema des Traktates, der Schau des Guten. Platon nannte das Gute die Sonne der Geistigen Welt; und nur mit den Augen des Geistes kann dies Sonnenhaft-Gute geschaut werden. Von dem aber, der die Schau des Guten erlangt hat, wird in der Hermetik gesagt:

*„Wer die Schönheit des Guten ergriffen hat, der kann nichts anderes ergreifen; wer sie gesehen hat, der kann nichts anderes sehen; er kann auch nicht mehr menschliche Rede hören noch kann er überhaupt seinen Körper bewegen; er hat alle körperlichen Empfindungen und Bewegungen eingestellt und ist ganz in die Stille eingetreten. Aber sein Geist badet sich im Lichte der Schönheit des Guten; und dieses Licht zieht die Seele mit sich herauf, hinweg von seinem Körper, verwandelt den ganzen Menschen in eine ewige Substanz. Denn es kann nicht sein, mein Sohn, dass die Seele zu einem Gott wird, solange sie noch in einem menschlichen Körper verweilt; sie muss umgewandelt werden, um die Schönheit des Guten erschauen zu können, und dadurch wird sie zu einem Gott.*"[71] Dass die Seele in einem schrittweisen Prozess des Aufstiegs zu einem Gott wird, kann sich indessen nur in einem Zyklus von unzähligen Inkarnationen – Verkörperungen auf Erden – vollziehen.

# Der Reinkarnationsgedanke

Im Weltbild der Ägypter hatte die Lehre von der *Reinkarnation* – der Gedanke von *wiederholten Erdenleben* – einen festen Platz; Herodot nimmt an, dass solche Ideen von Ägypten nach Griechenland gelangt sind: „Die Ägypter sind die ersten, welche die Meinung ausgesprochen haben, dass die menschliche Seele unsterblich ist und, wenn der Körper verwest, immer in ein anderes, eben zum Leben kommendes Lebewesen hineingeht. Sie sei jedesmal herumgewandert durch alle Tiere des Landes, des Meeres und des Himmels. Dann gehe sie wieder in einen zum Leben kommenden Menschenleib ein, und diese Umwanderung mache sie in dreitausend Jahren. Diese Meinung haben unter den Hellenen etliche angenommen, die einen früher, die anderen später, als wäre sie ihre eigene. Ich kenne ihre Namen, schreibe sie aber nicht auf."[72] Ob die „dreitausend Jahre" als Dauer eines zyklischen Umlaufs durch alle Lebensformen wörtlich oder symbolisch zu nehmen sind, mag dahingestellt sein. Goethe jedenfalls sagt in seinem *West-Östlichen Divan*:

> Wer nicht von dreitausend Jahren
> Sich weiß Rechenschaft zu geben,
> Bleibt im Dunkeln unerfahren,
> Mag von Tag zu Tage leben.[73]

Auch in den hermetischen Traktaten wird gelegentlich der Reinkarnationsgedanke erwähnt. Hermes Trismegistos geht zunächst aus von der Präexistenz des Menschen, seiner ursprünglichen Verbindung mit der kosmischen Weltseele. Erst nachdem die Seelen sich losgelöst haben von dieser *„Einen Seele"*, beginnt für sie der Zyklus der Inkarnation: *„Hast du nicht gehört, was ich* *in meinen Allgemeinen Reden gesagt habe: Alle Seelen, die von einem Ort zum anderen durch den Kosmos dahingetrieben werden, sind sozusagen abgetrennt von der Einen Seele, nämlich von der Seele des Universums."*[74]

Die Einzelseelen waren ursprünglich Bestandteile der universalen Weltenseele, aus der sie sich jedoch herauslösen mussten, um sich als Einzelwesen in der stofflichen Welt inkarnieren zu können. Auch die *Geheimlehre* behauptet die „fundamentale Identität der Seelen mit der universalen Oberseele", die der amerikanische Dichter Ralph Waldo Emerson (1803–1882) als *Oversoul* oder *Überseele* bezeichnet hat. Der Neuplatoniker Plotin sagt von den Einzelseelen: „Bleiben sie in der geistigen Welt mit der Allseele vereint, so haben sie Leidensfreiheit; bleiben sie im Kosmos bei ihr, so können sie mit ihr zusammen das All lenken, sowie die Helfer, die bei dem obersten König sind, mit ihm gemeinsam regieren, ohne doch von der Königsburg herabzusteigen. Denn sie sind ja dann in einer Ganzheit beisammen."[75] Weiterhin sagt Hermes Trismegistos im Gespräch mit Tat:

*„Und diese Seelen nun durchlaufen viele Veränderungen, wodurch einige zu einem glücklicheren Leben gelangen, andere zu einem unglücklicheren. Die Seelen der Pflanzen wandeln sich in Lebewesen, die im Wasser wohnen; die Seelen der im Wasser Wohnenden wandeln zu Lebewesen, die das Festland bewohnen; die Seelen der Landtiere wandeln sich zu Vögeln in der Luft; und die Seelen der durch die Luft Fliegenden wandeln sich zu Menschen. Und die menschlichen Seelen, wenn sie die Anfänge eines Lebens der Unsterblichkeit erreicht haben, wandeln sich zu Geistwesenheiten, und danach gelangen sie in den choralen Tanzkreis der Götter".*[76]

Der Reinkarnationsgedanke stellt offenbar einen festen Bestandteil der hermetischen Philosophie und Einweihungslehre dar, aber er ist stets verknüpft mit einem

Konzept evolutionärer Höherentwicklung. Es wird davon ausgegangen, dass es einen göttlichen Urfunken gibt – eine unsterbliche Monade, die sich durch alle Seinsstufen, von der Mineral-, Pflanzen- und Tierwelt über die Menschenwelt bis in die höchsten Ebenen der Götterwelt stufenweise emporentwickelt. Diese evolutionäre Reinkarnationsphilosophie, die im Menschen nur die Vorstufe zu einem künftigen Göttergeschlecht erblickt, entspringt tiefer Mysterien-Wahrheit; sie war in den hermetischen, orphisch-pythagoreischen und druidischen Einweihungen enthalten. Man findet diesen Gedanken auch bei dem Pythagoreer Empedokles von Agrigent (um 490 v. Chr.), der in seinem Gedicht *Reinigungslied* sagt: *„Selbst schon war ich Knabe und Mädchen und war schon Pflanze und Vogel und stummer Fisch in den Fluten des Meeres. Schließlich werden die Weisen zu Sehern und Sängern und Ärzten oder sie walten als Fürsten im Kreis der sterblichen Menschen. Und aus solchen erwachsen zu Göttern sie herrlich an Ehren, teilen den Herd und den Tisch der anderen Unsterblichen wieder, frei und ledig von Leid, unwandelbar ewig."* – [77]

Da Pythagoras von Samos angeblich 22 Jahre lang in Ägypten weilte, wo er in Theben und Hermopolis in esoterisches Priesterwissen eingeweiht wurde, ist gut denkbar, dass er sein Konzept der Reinkarnation aus solchen Geheimlehren bezog. Seine eigene, Pythagoreische Schule verbreitere diesen Reinkarnations- und Evolutionsgedanken in den Ländern des Westens.

*„Es gibt zwei Chöre der Götter: der eine ist der Chor der Planeten, der andere jener der Fixsterne. Dort hinzugelangen, ist die Krönungs-Glorie der Seele!"*[78] – Der Mensch soll also in den „choralen Tanzkreis der Götter" gelangen, soll selbst ein Gott werden; die Gottwerdung des Menschen ist das Ziel der Welt-Evolution durch viele Ketten

von Inkarnationen hindurch. Der hermetische Eingeweihte erreicht dieses Ziel schon früher als die restliche
Menschheit. So ist auch die Verheißung zu verstehen,
die Pythagoras in seinen *Goldenen Versen* ausspricht:

> Wenn du aber den Körper verlässt,
> Mögest du die Freiheit des Äthers erreichen,
> Du wirst nicht mehr zu den Sterblichen gehören,
> Du wirst ein unsterblicher Gott sein,
> herrlich und heilig.[79]

Es gibt allerdings auch die Möglichkeit eines Rück-
falls in frühere Existenzformen: *„Aber wenn eine Seele,
nachdem sie in einen menschlichen Körper eingetreten ist,
weiterhin im Bösen verharrt, dann wird sie nimmermehr die
Süße des unsterblichen Lebens zu schmecken bekommen, sondern sie wird wieder zurückgezogen, muss ihren Lauf wieder-
holen, und gelangt zurück zu den Pflanzen; und eine solche
schicksalsbeladene Seele, gescheitert in der Selbsterkenntnis,
lebt dann im Dienst – als Fraß – übeltätiger und schwerfälli-
ger Tierkörper. Zu solchem Verhängnis sind die dem Bösen
verschriebenen Seelen verdammt.“*[80]

Aus dieser Bemerkung geht hervor, dass die Hermetik auch eine neuerliche Reinkarnation des Menschen in
Tiergestalt als weiteres Zurückfallen auf der Stufenleiter
der Evolution kennt. Diese Anschauung ist besonders
im volkstümlichen Hinduismus weit verbreitet, und Pythagoras begründete damit die Notwendigkeit der ve-
getarischen Ernährung. Dagegen sagt William Q. Judge:
„Reinkarnation bedeutet nicht, dass wir nach dem Tod
in Tierformen eintreten, wie manche östlichen Völker
irrtümlich glauben. 'Einmal ein Mensch, immer ein
Mensch' ist die Lehre der Großen Loge.“[81]

## Wir alle sind Söhne Gottes

*„Ihr seid Götter und allzumal Söhne des Höchsten; aber Ihr werdet sterben wie Menschen und wie ein Tyrann zugrunde gehen."* (Psalm 82, 6-7) Es ist schön, so nachdrücklich daran erinnert zu werden, dass wir Menschen in Wahrheit alle *Götter* sind, Söhne und Töchter der Mystischen Flamme, Kinder Gottes – nur sind wir eben auch *inkarnierte Götter*, gebannt in die groben Formen der Materie. Deshalb müssen wie „sterben wie Menschen und wie ein Tyrann zugrundegehen"; in der Doppelung von Göttlichkeit und Sterblichkeit, in der Verbindung dieser scheinbar so gegensätzlichen Aspekte, liegt ja gerade die besondere Menschennatur. Eben das, was uns von allen anderen Lebensformen auf diesem Planeten und Evolutionsplan unterscheidet.

Was der Psalmist hier sagt, ist uns nicht neu. Im Gegenteil, es ist uralte esoterische Weisheit, bekannt schon den antiken Mysterien, den griechischen Philosophen, den Juden und den Heiden, vor allem aber den Mystikern, Hermetikern, Esoterikern und Theosophen aller Zeiten und Länder. Wir Menschen sind Himmelssöhne, Gottessöhne, ein gefallenes Engelsgeschlecht, Götter in der Verbannung. Das haben sie alle gewusst, die Gnostiker, Manichäer, Katharer, Albigenser, die von der Kirche Verfolgten, Geächteten, ja Verbrannten, auf den Scheiterhaufen des Mittelalters, dieweil die Kirche selber sich nicht mehr erinnern wollte oder konnte an jenes Schriftwort, das da lautet: *„Ihr seid Götter und allzumal Söhne des Höchsten."*

Der Mensch als ein den Göttern verwandtes, ihnen ebenbürtiges, himmlisches Wesen, das ist der Zentralgedanke jeglicher Esoterik, sei sie griechischer, indischer, ägyptischer oder sonstiger Herkunft. Zwischen Menschen und Göttern besteht kein prinzipieller, nur ein gradueller Unterschied. Wir finden dieses transzendente Menschenbild in Griechenland erstmals ausgedrückt in der Orphischen Theologie, oder besser wohl Theosophie, die sich auf den legendären Sänger Orpheus zurückführt. Die Wesensverwandschaft von Göttern und Menschen war den Griechen seitdem geläufig. „Götter und Menschen sind desselben Ursprungs", erklärte um 700 v. Chr. der Mythendichter Hesiod; und Kleanthes sagt an Zeus gewandt in seinem berühmten Hymnus: „Wir sind deines Geschlechts." Pindar von Theben dichtete ähnlich: „Ein Stamm: Menschen und Götter; von einer Art ja atmen wir, von einer Mutter wir beiden; doch Macht von ganz verschiedener Art trennt uns ....“[82]

Die *Goldenen Verse des Pythagoras* versichern uns, „dass die Sterblichen göttlicher Herkunft sind, und die Natur ihnen das Heilige offenbart und sie alles schauen lässt". Auch Jesus Christus, wohl einer der größten Meister, die je über diese Erde gewandelt sind, kennt den Gedanken der Göttlichkeit des Menschen, und er hält ihn den Schriftgelehrten entgegen, die ihn der Gotteslästerung anklagen. Sie wollen ihn gar steinigen, und zwar „um der Gotteslästerung willen, denn du bist ein Mensch und machst dich selbst zu Gott. Jesus antwortete ihnen: Steht nicht geschrieben in Eurem Gesetz (Psalm 82,6): Ich habe gesagt: Ihr seid Götter?" (Joh 10, 33-34) Wenn also ohnehin alle Menschen Söhne Gottes sind, nach dem zitierten Psalmwort, warum nicht in besonderem Maße der, welcher in seiner Erden-Sendung ausdrücklich als Gesandter des Höchsten und als *Sohn Gottes* aufgetreten ist?

Auch die hermetische Anthropologie geht davon aus, dass wir alle Söhne Gottes sind – aus Gott geboren und daher der inneren Natur nach göttlich. Im Dialog

*Poimandres* wird die Lehre vom kosmischen Ur- und All-Menschen entfaltet, dem *Anthropos*, der vom Weltgeist selbst ins Dasein gerufen wurde, das ideale Urbild aller lebenden Menschen:

*„Aber der Weltgeist und Allvater, der das Leben und das Licht ist, gebar den Menschen (Anthropos), ein Wesen wie Er selbst. Und Er erfreute sich an dem Menschen als einem Wesen gleichen Ursprungs; denn er war in seiner Ebenbildlichkeit des Vaters von überwältigender Schönheit. Es war also seine eigene Gestalt, die Gott an dem Menschen liebte; und so stellte Er ihm alles Geschaffene zur Verfügung. Und der Mensch nahm seinen Standort ein in der Sphäre des weltenerschaffenden Geistes (Demiurg), und er beobachtete seines Bruders Schöpfungen, oberhalb der Region des Feuers, und als er des Demiurgen Schöpfungen in der Region des Feuers gesehen hatte, erwachte in ihm der Wunsch, selbst schöpferisch tätig zu sein; und der Vater gab die Erlaubnis hierzu. Da er die Wirkkräfte der Planetengeister in sich trug, und da die Planetengeister ihn liebten, gaben sie ihm Anteil an ihrer je eigenen Natur.“*[83]

Der als vollkommen gottebenbildlich gedachte Anthropos ist nicht der physische Jetztmensch, sondern der geistige Urmensch, wie er etwa in der jüdischen Mystik als *Adam Kadmon* vorgestellt wird. Der hermetische Anthropos ist dem Demiurgen, dem weltenerschaffenden Geist, offenbar gleichgestellt; denn er verweilt ja in derselben Sphäre wie dieser. Auch trägt er bereits die Natur aller sieben Planeten in sich. Auf diese Weise werden Makrokosmos und Mikrokosmos, Weltenall und Innenall, miteinander verknüpft, und die Planeten sind nicht allein Himmelskörper, sondern auch Wirkmächte in der menschlichen Seele.

## Die Wesensglieder des Menschen

Die Hermetik geht davon aus, dass der Mensch, als Gott in der Materie inkarniert, neben dem physischen Körper noch mehrere feinstoffliche Körper besitzt, die ihn wie Hüllen umgeben: *„Und die Seele des Menschen wird in folgender Weise vorangetrieben: Das Gefährt der Geistes ist die Seele, das Gefährt der Seele aber der ätherische Lebensgeist, das Pneuma; und dieser Lebensgeist bewegt den Körper, aber wie eine Last, indem er die Arterien mit Blut durchzieht. So haben einige gar gedacht, die Seele sei das Blut. Aber sie befinden sich über ihre wirkliche Natur im Irrtum; sie wissen nicht, dass beim Eintreten des Todes die Seele zuerst den Körper verlassen muss, und dass erst dann, nachdem der Lebensgeist sich in die Umgebung – den Weltäther – zurückgezogen hat, das Blut in den Venen gerinnt und aus den Adern ausströmt. Das ist dann erst der Tod des Körpers.“*[84]

Demnach besteht der Mensch aus folgenden Wesensgliedern:

1. Geist   < Nous >
2. Seele   < Psyche >
3. ätherischer Lebensgeist < Pneuma >
4. physischer Körper < Soma >

Hierbei muss man sich vorstellen, dass diese vier Körper sich gegenseitig durchdringen, wobei das Niedere dem jeweils Höheren als „Gefährt" dient. Der ätherische Lebensgeist als die den physischen Körper unmittelbar umgebende Energiehülle ist identisch mit dem in der modernen Esoterik wohlbekannten Ätherkörper. Annie Besant nennt ihn den „ätherischen Doppelgänger", und sie sagt von ihm, dass er „violettgrau oder blaugrau gefärbt, den dichten Körper durchdringt und aus Stoff besteht, der aus den vier feineren Schichten der physischen Ebene stammt"[85]. *Pneuma* (griech.) bedeutet ursprünglich Lufthauch, aber auch Geist, feuriger Geisthauch; gemeint ist hier jenes universale feinstoffliche Lebensprinzip, das im Alten Indien Prana genannt wurde. *„Aber wenn die Seele den Körper verläßt, dann verläuft der Vorgang umgekehrt. Die Seele steigt hinauf zu ihrem eigentlichen Ort, und dabei trennt sie sich vom Lebensgeist, dem Pneuma, und der Geist trennt sich von der Seele. So wird der Geist, der göttlicher Natur ist, von seinen Hüllen befreit; und angetan mit einem Körper aus spirituellem Feuer durcheilt er den Weltenraum und lässt die Seele hinter sich zurück, die nun nach ihren Taten und Verdiensten gerichtet wird."*[86]

In diesem Abschnitt wird kurz das Schicksal des Menschen im nachtodlichen Leben geschildert. Demnach tritt der physische Tod nur dadurch ein, dass der Körper als die äußerste und stofflich dichteste Lebenshülle abgestoßen wird. Als nächstes trennt sich die Seele – der Astralkörper, wie wir heute sagen würden – vom ätherischen Lebensleib, der nunmehr abstirbt und in den allgemeinen Weltenäther zurückkehrt. In einem weiteren Schritt scheidet sich der unsterbliche Geist [Nous] von der Seele; von *„allen Hüllen befreit"* steigt er dann auf in die Regionen der Geistigen Welt. Dass ein solches Wissen um die verschiedenen Stationen des nachtodlichen Lebens nicht Spekulation, sondern Einweihungswissen ist, das in den Mysterien streng gehütet wurde, liegt auf der Hand.

*„Denn der Mensch ist ein wahrhaft göttliches Wesen; er kann nicht mit all den anderen Lebewesen auf der Erde, sondern allein mit den Göttern im Himmel verglichen werden. Ja, um die Wahrheit geradewegs ohne Furcht auszusprechen, der Mensch im eigentlichen Sinne steht sogar noch über den Göttern des Himmels, oder zumindest gleicht er in jeder Hin-*

*sicht ihrer Wirkmacht. Denn keiner der Götter des Himmels wird je den Himmel verlassen, seine Grenzen überschreiten, und hier auf die Erde herabkommen. Aber der Mensch steigt zum Himmel hinan, um ihn zu durchmessen, und was noch mehr ist als all dies, er besteigt den Himmel, ohne die Erde dabei zu verlassen; so groß ist die Entfernung, über die er seine Macht auswirkt. Wir dürfen nicht davor zurückschrecken, zu sagen: Der Mensch auf Erden ist ein sterblicher Gott, und ein Gott im Himmel ein unsterblicher Mensch! – Alles Bestehende wird durch diese beiden verwaltet, den Kosmos und den Menschen; aber regiert wird es nur durch Gott allein!"*[87]

Der Gedanke, dass der Mensch im Rang noch über den Göttern steht, ist ein typisch hermetischer; er wurde in der Blütezeit der Renaissance aufgegriffen von Pico della Mirandola (1463–1494), der in seiner berühmten *Rede über die Würde des Menschen* ein Weltbild der Mündigkeit und der freien Selbstverantwortung verkündet. Er sieht den Menschen als einen „Bildhauer und Dichter seiner selbst", der alle nur möglichen Formen, vom Tier zum Gott, annehmen kann. Und er lässt Gottvater zum Menschen sagen: „Wir haben dich weder als einen Himmlischen noch als einen Irdischen, weder als einen Sterblichen noch als einen Unsterblichen geschaffen, damit du als dein eigener, vollkommen frei und ehrenhalber schaltender Bildhauer und Dichter dir selbst die Form bestimmst, in der zu leben du wünschst. Es steht dir frei, in die Unterwelt des Viehs zu entarten. Es steht dir ebenso frei, in die höhere Welt des Göttlichen dich durch Entschluss deines eigenen Geistes zu erheben."[88]

## Nur Gleiches kann Gleiches erkennen

Nur Gleiches kann von Gleichem erkannt werden, und Gotterkenntnis ist nur möglich durch eigene Gottwerdung – das ist der zentrale Satz der hermetischen Erkenntnislehre.

*„Und bevor du nicht selbst gottgleich geworden bist, wirst du Gott nicht erkennen können, denn Gleiches kann nur von Gleichem erkannt werden. Frei von allem Körperlichen sollst du voranspringen, und heranwachsen sollst du zu einer Größe, die jenseits allen Maßes liegt; über die Zeit sollst du dich erheben und ewig sollst du werden – und dann wirst du Gott erkennen. Denke stets daran, dass für dich nichts unmöglich ist: halte dich für unsterblich und fähig, alles mit deinem Geist zu erfassen, jedwede Kunst und Wissenschaft zu kennen; finde dich am Wohnort jedes Lebewesens zuhause; mache dich höher als alle Höhen und tiefer als alle Tiefen; bringe in dir alle Gegensätze der Qualitäten zusammen: heiß und kalt, Trockenheit und Flüssigkeit; denke, dass du überall zugleich bist: auf Erden, im Meere und im Himmel; denke, dass du noch nicht gezeugt bist, sondern im Mutterleib; denke, dass du jung, dass du alt bist, dass du tot und in der Welt jenseits des Grabes bist: ergreife in deinem Geist all dies zusammen; und dann wirst du Gott erkennen.“*[89]

Erkennen ist demnach ein wechselseitiges Sich-Anschauen, in dem die Zweiheit von Subjekt und Objekt zusammenschmilzt. In der Erkenntnis Gottes gibt es nur subjekt- und objektlose Einheit; jede Dualität ist auf dieser Stufe überwunden. In diesem Sinne sagt auch Plotin: „Man muss nämlich das Sehende dem Gesehenen ähnlich und verwandt machen, wenn man sich auf die Schau richtet; kein Auge kann die Sonne sehen, wäre es nicht selbst sonnenhaft; so sieht auch keine Seele das Schöne, welche nicht schön geworden ist. Es werde einer also zuerst ganz gottähnlich und ganz schön, wenn er

Gott und das Schöne schauen will."[90] J. W. Goethe greift das Gleichnis vom sonnenhaften Auge, das die Sonne sieht, auf und formt daraus die berühmten Verse:

> Wär' nicht das Auge sonnenhaft,
> Die Sonne könnt' es nie erblicken;
> Läg' in uns nicht des Gottes eigne Kraft,
> Wie könnt' uns Göttliches entzücken? [91]

Novalis, tief durchdrungen von plotinischer Philosophie und hermetischer Weisheit, schreibt in einem seiner Fragmente: „Wie das Auge nur Augen sieht – so der Verstand nur Verstand, der Geist Geister ect., die Einbildungskraft nur Einbildungskraft, die Sinne Sinne. Gott wird nur durch einen Gott erkannt."[92] – Das ist ganz und gar „hermetisch" gedacht!

## Das Mysterium der Wiedergeburt

Der Abschnitt über das Mysterium der Wiedergeburt stellt ohne Zweifel einen der Höhepunkte des ganzen *Corpus Hermeticum* dar. Es handelt sich nach der ursprünglichen Einteilung um das 13. Buch mit dem Titel *Eine Geheimrede des Hermes Trismegistos an seinen Sohn Tat: Über die Wiedergeburt*. Der Begriff Geheimrede (im griech. Original *logos apokryphos*) deutet an, dass es hier um die innersten und zentralsten Mysterien der Hermetik geht. In der Alethophilo-Übersetzung des *Corpus Hermeticum* (1706) heißt dieses Kapitel *Hermetis Trismegisti an seinen Sohn. Die Verborgene Rede auf dem Berge von der Wiedergeburt und Überlegung des Stillschweigens*. Der Zusatz „auf dem Berge" gibt zu erkennen, dass diese Einweihungsrede auch an einem symbolischen Ort stattfindet. Man befindet sich auch im übertragenen Sinne „auf dem Gipfelpunkt" und somit weit erhoben über die Sphäre der anderen Menschen. Ähnlich wie Hermes hat auch Christus seine letzte Einweihungsrede „auf dem Ölberg", einem realen ebenso wie symbolischen Ort, gehalten.

„Tat: *In deinen Allgemeinen Reden, oh Vater, sprachst du in Rätseln, und du legtest ihre Bedeutung auch nicht offen, als wir über die Göttlichkeit des Menschen sprachen. Du sagtest, niemand könne erlöst werden, wenn er nicht wiedergeboren werde; aber du hast mir nicht zu erkennen gegeben, was du damit meintest.*"[93]

Man vergleiche damit die Aussage des Christus im Gespräch mit Nikodemus, wie es im Johannes-Evangelium berichtet wird; „Wahrlich, wahrlich, ich sage dir: Es sei denn, dass jemand von neuem geboren werde, so kann er das Reich Gottes nicht sehen" (Joh. 3,3). Um einem möglichen Missverständnis vorzubeugen, sei gesagt, dass mit Wiedergeburt *nicht* ein künftiges Geborenwerden in einem physischen Körper gemeint ist, also keine neue Reinkarnation. Im Gespräch des Hermes mit Tat geht es ebenso wie in dem zwischen Christus und Nikodemus um die *Wiedergeburt im Geiste*. So heißt es etwa: „Wundere dich nicht, dass ich dir gesagt habe: ihr müsst von neuem geboren werden. Der Wind bläst, wo er will, und du hörst sein Sausen wohl; aber du weißt nicht, woher er kommt und wohin er fährt. So ist es bei jedem, der *aus dem Geist geboren* wird (Joh. 3,7-8).

„Tat: *Und was für eine Art Mensch ist derjenige, der durch die Wiedergeburt erneuert wurde? – Hermes: Wer durch diese Geburt hindurchgeht, ist danach ein gänzlich anderer; er ist ein Gott und ein Sohn Gottes gleichermaßen. Er ist das All und auch in Allem; denn er hat keinen Anteil mehr an körperlicher Substanz; vielmehr hat er Anteil an der Substanz des Geistigen, und er ist vollständig aus göttlichen Energien zusammengesetzt.*"[94]

Ein im Geist Wiedergeborener ist demnach ein *Sohn Gottes*, wie auch Jesus Christus. Man sieht hier, dass der Ausdruck Sohn Gottes auch in den heidnischen Mysterien üblich war. Genau dies aber bedeutet Wiedergeburt: Hermes Trismegistos ist (durch die Gnade Gottes, wie er sagt) aus seinem physischen Körper hinaus- und in einen unsterblichen Logos-Körper hineingeboren worden. Er besitzt also nun einen spirituellen Geistkörper, der ihn über alle Beschränkungen dieser relativen Welt von Raum, Zeit und Materie erhebt:

*„Ich sehe, dass durch die Gnade Gottes eine nichtmaterielle Gestalt in mich hineingekommen ist; und ich bin aus mir herausgegangen und bin in einen unsterblichen Körper eingetreten. Ich bin nun nicht mehr der Mensch, der ich einmal war; denn ich bin wiedergeboren im Geiste; und die Körpergestalt, die ich vorher hatte, ist verschwunden. Ich bin nicht länger mehr ein Objekt, das Farben hat, das betastet werden kann, das räumliche Dimensionen hat; ich bin all diesem fern, und auch allem, was du wahrnimmst, wenn du mit körperlichen Sinnen schaust."*[95]

An dieser Stelle nimmt das Gespräch auf dem Berg eine neue Wendung, denn nun wird Tat selbst dem Prozess der Wiedergeburt unterzogen. In den folgenden Abschnitten erleben wir seine Einweihung in das zentrale Mysterium der Hermetik, das der Geburt eines Logos-Körpers. Die Einweihung beginnt mit der Reinigung seines Astralkörpers, indem die zwölf astralen, durch die Tierkreiszeichen eingeprägten Untugenden aus seiner Seele hinausgetrieben werden. Dies geschieht dadurch, dass Hermes Trismegistos mit seinen kraftvollen Invokationen die entgegengesetzten Tugenden des Logos auf den Plan ruft:

*„Freue Dich, mein Sohn, denn Du wirst nun gereinigt werden durch die Energien Gottes; diese sind gekommen, um*

in Dir einen unsterblichen Logos-Körper zu erbilden. Das Gottes-Wissen – Gnosis – ist zu uns gekommen; und mit seinem Kommen ist Unwissenheit vertrieben.

Die Freude ist zu uns gekommen; und mit ihrem Kommen – mein Sohn – wird der Gram von uns hinwegfliehen, um in jene einzugehen, die Raum für ihn bieten.

Und nach der Freude rufe ich die dritte Energie herbei, die Mäßigung. Oh reinste aller Energien! Lass sie uns mit Freuden aufnehmen, mein Sohn; und just mit ihrer Ankunft hat sie die Unmäßigkeit hinweggefegt!

Und nun rufe ich die vierte Energie herbei, die Ausdauer, den Widerpart zur Begierde. (....) Und dies, mein Sohn, ist der Richterstuhl, auf dem die Gerechtigkeit thront. Sieh nur, wie sie die Ungerechtigkeit hinausgetrieben hat; wir sind nun gerecht, ohne gerichtet worden zu sein, denn Ungerechtigkeit ist nicht mehr länger hier!

Als sechste Energie rufe ich zu uns die Selbstlosigkeit, den Widerpart zur Habsucht. Und nachdem die Habsucht gegangen ist (....). Als siebente rufe ich die Wahrheit an. Hebe dich hinweg, Betrug! Denn Wahrheit ist hier!

Siehe nun, mein Sohn, wie mit dem Kommen der Wahrheit das Gute vollzählig ist; denn der Neid ist von uns gegangen und die anderen Plagen auch.

Ja, die Wahrheit ist zu uns gekommen, und das Gute ist ihr auf dem Fuße gefolgt; zusammen mit dem Licht und dem Leben. Nicht länger werden die Plagen der Dunkelheit auf uns kommen; denn sie sind hinweggeflogen mit eilenden Flügeln!

Auf diese Weise, mein Sohn, wurde die Geistwesenheit in uns erbildet; und durch seine Herbeikunft sind wir zu Göttern geworden. Wer immer durch Gottes Gnade diese göttliche Geburt erlangt hat, bedarf der körperlichen Sinne nicht mehr; er weiß sich vielmehr aus den Energien Gottes zusammengesetzt, und dieses Wissen erfüllt ihn mit Freude."[96]

Tat, als ein im Geiste Wiedergeborener, ist so sehr befreit von allen Beschränkungen der dreidimensionalen Welt von Raum, Zeit und Materie, dass er sich mit dem ganzen All geeint weiß. Er ist ein Gott-Geeinter und All-Geeinter, der sich selbst in allen Lebewesen zu erkennen vermag.

Dies entspricht der mystischen Erfahrung der Einswerdung, und es verwundert nicht, dass dieselbe Erfahrung auch in den heiligen Schriften der Brahmanen – den Upanishaden – ausgesprochen wird. In der *Brihad-Aranyaka-Upanishad* etwa heißt es: „Nur das Brahman war hier am Anfang. Dies erkannte nur sich selbst: 'Ich bin das Brahman'. Darum wurde es zur ganzen Welt. (....) Und darum wird auch jetzt der, der so weiß: 'Ich bin das Brahman' zur ganzen Welt."[97] Und die *Isha-Upanishad* sagt: „Wer im Selbst alle Wesen wahrnimmt und sein Selbst in allen Wesen, hegt keinen Zweifel mehr."[98] Man sieht hier: Die Hermetik des Westens und die altindische Weisheit der Upanishaden werden aus derselben Quelle mystischer Erfahrung gespeist!

„Tat: *Vater, Gott hat mich als ein neues Wesen erschaffen, und ich nehme nun Dinge wahr nicht mehr durch das körperliche Sehvermögen, sondern allein durch die Kraft des Geistes. (....) Vater, nun da ich mit den Augen des Geistes sehen kann, sehe ich mich als das All. Ich bin im Himmel und auf der Erde, im Wasser und in der Luft, in Tieren und in Pflanzen; ich bin ein Kind im Mutterleib, ein noch nicht empfangenes und ein schon geborenes Kind; ich bin überall anwesend. – Hermes: Nun, mein Sohn, weißt Du, was ,Wiedergeburt' ist."*[99] Wiedergeburt ist die Geburt des Logos-Menschen und somit die Gottwerdung. Der im Geiste Wiedergeborene ist ein mit dem All Geeinter, der nur dem äußeren Schein nach in einem irdischen Körper weilt, in Wahrheit aber den Göttern in jeder Hinsicht gleichgestellt ist. Ein solcher „Sohn Gottes" wird wie Empedokles von sich sagen können:

> Nicht mehr bin ich ein Sterblicher euch,
> ein unsterblicher Gott jetzt
> Wandr' ich umher verehrt von jedermann,
> wie sich's gebührt.[100]

Am Schluss findet sich dann noch folgende Bemerkung: *„Diese Rede über die Wiedergeburt habe ich nur für mich schriftlich niedergelegt, damit es diejenigen lesen mögen, von denen Gott will, dass sie es erfahren sollen; sie ist jedoch nicht für die Vielen gedacht, damit wir nicht zu den Übeltätern des Universums gerechnet werden mögen."*[101] Dieser Zusatz kann nur von jemandem stammen, der die Rede über die Wiedergeburt selbst gehört hat. Aber der Schreiber ist sich wohl bewusst, dass es sich hier um heiliges Einweihungswissen handelt; er versucht auch, sich an das übliche Schweigegebot der Mysterien zu halten, indem er sagt, diese Schrift sei nicht für die Vielen, sondern nur für die Wenigen bestimmt, die nach Gottes Willen mit ihr bekannt werden sollen. Die Schrift wendet sich also ausdrücklich an einen exklusiven Kreis („Esoteriker" im Sinne von „innerer Kreis").

### Hermetische Sonnen-Mysterien

In seinem *Sendschreiben an König Ammon* kommt der hermetische Adept Asclepius ( = Imhotep) auf einige Grundprinzipien der von Hermes begründeten Esoterik zu sprechen. Der Empfänger des Schreibens war vermutlich *Amun-hotep*, einer der unter dem griechischen Namen *Amenophis* bekannten Könige. Wahrscheinlich handelte es sich um Amun-hotep IV. (1400–1362 v. Chr.), unter dessen Herrschaft Ägypten eine glanzvolle

Wiedergeburt und bis dahin nicht gekannte Machtentfaltung durchlebte. Asclepius spricht nur ganz allgemein, kommt aber am Rande auch auf die *Sonnen-Mysterien* zu sprechen.

Die Sonne kündet in erster Linie vom Logos, vom göttlichen Schöpfungswort, das am Uranfang aller Dinge stand. Alles Gewordene, alles Lebendige im Kosmos ist aus der Kraft des göttlichen Schöpferwortes hervorgegangen. Und wenn die Eingeweihten von Atlantis, die ägyptischen Pharaonen und die indianischen Priesterkönige von der Sonne sprachen, dann meinten sie damit nicht nur die physische Sonne, sondern auch die göttliche Ursonne.

In der Sonne sahen sie vor allem ein Wahrbild des kosmischen Sonnen-Logos, des schöpferisch-tätigen Weltenwortes. Am Uranfang stand das Schöpfungswort *Es werde Licht!* Alles Bestehende ist hervorgegangen aus dem spirituellen Urlicht, und selbst die sogenannte Materie ist nichts anderes als gefrorenes Licht. Im Weltbild der Hermetik spielt die Sonne als Lichtquelle, Demiurg ( = Weltenschöpfer) und Übermittler göttlicher Energien eine zentrale Rolle. Der Eingeweihte Asclepius drückt es mit folgenden Worten aus:

*„Auf diese Weise nämlich bringt der Demiurg – das heißt Helios, die Sonne – Himmel und Erde zusammen, indem sie (die Sonne) wirklich Wesenhaftes (Licht) von oben herabsendet, und Materie von unten aufsteigen lässt. So regelt er alles in Verbindung mit sich selbst, sowohl zu sich hinziehend als auch von sich wegstrahlend; denn er verschwendet sein Licht an alle Dinge ohne Einschränkung. Die Sonne ist Jener, dessen segensreiches Wirken nicht nur im Himmel, sondern auch auf Erden sich äußert und selbst die untersten Tiefen durchdringt. Der materielle Körper der Sonne ist das sichtbare Licht; und falls es so etwas wie eine intelligible Substanz*

*geben sollte, so muss die Sonne das Behältnis einer solchen Substanz sein. Woraus aber diese Substanz besteht, oder woher sie fließt, das weiß nur Gott allein."*[102]

Im Originaltext steht für „intelligible Substanz" der Ausdruck *noete ousia* – geistige Wesenhaftigkeit. Im Licht der Sonne kommt dieses Geistig-Wesenhafte zum Ausdruck. Dies entspricht auch alter ägyptischer Sonnen-Weisheit, die recht genau zwischen Wesen und Erscheinung zu unterscheiden vermochte. Die physische Sonne am Himmel galt nur als die äußere Erscheinungsform, nicht als das wahre Wesen der Sonne. Auch die alchemistischen Philosophen kennen eine doppelte Sonne; sie unterscheiden zwischen einer hellen Geist-Sonne, dem *philosophischen Gold*, und der finsteren, natürlichen Sonne, der das *materielle Gold* entspricht. Die Geistige Sonne sehen die Alchemisten – wie die Hermetiker – als das Herz des Makrokosmos: „Die Erhabenheit und Vollkommenheit der Makrokosmischen Sonne liegt offen zu Tage, als da der königliche Phöbus genau im Zentrum der Himmel in seinem Triumphwagen sitzt und seine goldenen Haare flattern lässt. Als einziger sichtbarer Herrscher hält er den königlichen Zepter in Händen und die gesamte Regierung der Welt...."[103]

*„Die Sonne, der Lage nach uns nahe und der Natur nach uns ähnlich, zeigt sich unserem Gesicht. Gott offenbart sich uns nicht; wir können ihn nicht sehen, und nur durch Mutmaßung können wir mit größter Anstrengung, ihn im Geiste begreifen. Aber es ist keine Mutmaßung notwendig, um die Sonne sehen zu können; wir sehen sie einfach mit Hilfe unserer Augen. Sie scheint strahlend hell im Universum, erleuchtet die Welt unter und über ihr; denn sie selbst befindet sich in der Mitte, und trägt den Kosmos wie ein Kranzgebinde um sich herum. Und so lässt sie den Kosmos seinen Gang gehen, achtet aber darauf, dass dieser niemals allzu weit getrennt*

*von ihr sei; ja sie hält ihn, um ganz wahrhaftig zu sprechen, immer in enger Verbindung zu sich; denn wie ein geübter Wagenlenker hat sie den Triumphwagen des Kosmos fest an sich gebunden, damit er nicht ungeordnet abirre .... Auf diese Weise regelt sie alles. Sie gibt den Unsterblichen ihre ewige Dauer; mit dem Teil ihres Lichts, das aufwärts scheint (von der Seite, die dem Himmel zugewandt ist), hält sie den unsterblichen Teil des Kosmos am Leben; und mit dem Licht, das abwärts scheint, beleuchtet sie die Sphären des Wassers, der Erde, der Luft, und lässt Leben einfließen in diese Region des Kosmos, regt alle Dinge zur Geburt an, erneuert und verändert die Lebewesen durch andauernden Wandel."*[104]

Da die Sonne nach hermetischer Anschauung sowohl aufwärts (zum Himmel) als auch abwärts (zur Erde) scheint, ist sie der Mittler und das verbindende Glied zwischen der geistigen und der sinnlichen Welt. Sie steht genau auf der Grenzscheide zwischen beiden Welten. *„Die Sonne ist somit Ernährer und Erhalter aller Lebewesen; und wie der intelligible Kosmos den materiellen Kosmos umfasst und dessen Materiemasse mit unzähligen Formen und Gestalten erfüllt, so erfüllt auch die Sonne den Kosmos mit Licht und erweckt alles zum Leben. Die Erde aber, als der Hort der Materie, gibt allem Masse und Stärke, und wenn die Dinge untergehen und hinwegsinken, erhält sie die Materie zurück. (.....) Der intelligible Kosmos hängt von Gott ab; und die Sonne erhält – durch den intelligiblen Kosmos – von Gott den Impuls Gottes (das heißt, die lebensspendende Energie), mit der sie ständig versorgt wird. Und rings um die Sonne dehnen sich, von ihr abhängig, die acht Sphären: die Sphäre der Fixsterne, die sechs Planetensphären und jene Sphäre, welche die Erde unmittelbar umgibt."*[105]

Nach diesen letzten Worten können wir uns ein Bild davon machen, wie sich die Hermetiker das Universum mit all seinen sichtbaren und unsichtbaren Sphären vorgestellt haben. In diesem Sphärenmodell nimmt die makrokosmische Sonne, die über ganze Heerscharen von Halbgöttern, Genien und astralen Intelligenzen regiert, eine entscheidende Mittlerposition ein. Es läuft nach den obigen Worten auf folgendes Modell hinaus:

- Gott ( = die lebensspendende Energie)
- Der intelligible Kosmos
- Die Makrokosmische Sonne
- Die Fixsternsphäre
- Die sechs Planetensphären
- Die Erde (irdische Atmosphäre)

Das Geisteslicht der solaren Mysterien wurde ursprünglich angezündet in den Tempeln von Atlantis. Dort nämlich nahm alle spätere Licht- und Sonnen-Esoterik ihren Ausgang, und nach dem Untergang von Atlantis wirkte sie weiter fort in der Mysterientradition des Indogermanentums und des Ägyptertums; vor allem verband sich dieses uralte atlantische Erbe mit der Hermetischen Wissenschaft, aus deren Quellborn noch ein Goethe schöpfen konnte. Heute aber leben wir in einer Zeit, wo das, was äonenlang unter dem Schutzmantel der Mysterien gehütet wurde, aus der Geheimhaltung entlassen und als lebendiges Geistes-Wissen den Menschen offenbar gemacht werden soll.

### Aion – der mystische Zeitkörper

In der hermetischen Philosophie werden zwei verschiedene Zeit-Qualitäten voneinander unterschieden – *Aion* und *Chronos*, die Ewigkeits-Zeit und die kosmische Zeit. Die kosmische Zeit ist die stets rhythmisch verlaufende, in Vergangenheit, Gegenwart und Zukunft gegliederte Ereignis-Zeit, die Zeit *innerhalb* eines gegebenen Raumzeit-Kontinuums. Alle Zeit im Bereich unserer unmittelbaren sinnlichen Erfahrung ist Chronos-Zeit. Im Gegensatz dazu bedeutet *Aion* die unendliche Zeit, Ewigkeit, das Ewigwährende – der überweltliche, zeitfreie, mystische Raum, dem alle Zeit entspringt. Aion ist der Quell aller Zeiten und das ewige Zugleichsein aller Zeiten, das Ewige Jetzt im ständigen Hervorbringen seiner selbst. Aion ist der mystische Zeitkörper, und die Chronos-Zeit ist im Aion enthalten. In der altpersischen Zarathustra-Religion wurde die Aion-Sphäre mit dem Begriff *Zervana akarana* bezeichnet – die Region der Unendlichkeit und des Lichts.

Was bedeutet es, die Zeit zu verlassen und in die Sphäre der Ewigkeit einzutreten? In den Unterweisungen des Hermes Trismegistos wird vom Aion als einer mystischen Zeitsphäre gesprochen, die sich oberhalb des Kosmos ausdehnt, aber den Kosmos mit allem Belebten darin in sich beschließt. Der Aion ist hier kein Gott, auch nicht der oberste aller Götter, sondern als Behältnis der transzendentalen Ewigkeits-Zeit eine Emanation Gottes:

*„Gott ist also der Urquell aller Dinge, und der Aion die Wirkmacht Gottes, das Werk des Aion ist der Kosmos, der geworden ist, aber immerzu ins Werden kommt durch das Wirken des Aion. Daher kann der Kosmos nicht vernichtet werden, denn der Aion ist unzerstörbar. Noch wird irgendwann der Kosmos untergehen, denn der Kosmos ist umgeben von dem Aion. Und der Aion erlegt auch der Materie eine Ordnung auf, indem er Unsterblichkeit und Dauerhaftigkeit in die Materie legt. Denn der Dinge Werden ist ein zweifaches: Die Dinge, die da im Himmel geschaffen werden, sind unwandelbar und unzerstörbar; aber diejenigen, welche hier auf Erden erzeugt werden, sind wandelbar und dem Untergang geweiht. Der Kosmos hängt demnach ab von dem Aion;*

*und dieser von Gott; der Seinsgrund des Aion ist Gott, und der Seinsgrund des Kosmos ist der Aion."*[107]

Den alten Griechen galt Aion als ein Gott. Ursprünglich war er ein persischer Ewigkeitsgott, Zervan genannt, dem es gelang, in die spätantike hellenistische Welt des Mittelmeers einzudringen. In Alexandria gab es gar einen Kult des Aion, dessen Geburtstag am 6. Januar gefeiert wurde. In Zauberpapyri wird ein Gott mit Löwenhaupt erwähnt, um dessen Leib sich eine Schlange windet; er heißt Aion und wird „grenzenlos" genannt. Aber Aion ist nicht bloß ein Mythos, sondern eine mystische Tatsache und eine transzendentale Realität; nicht bloß ein Gott, sondern ein metapysischer Wirklichkeits-Raum, sozusagen eine Emanation des höchsten göttlichen All-Einen.

## Grundlagen Hermetischer Magie

Die Magie, aufzufassen als ein weißmagischer Adeptenweg, der zur Freisetzung aller inneren Kräfte und zur Beherrschung aller äußeren Energien des Kosmos hinführt, ist ein fester Bestandteil des hermetischen Einweihungsweges. Der hermetische Gottmensch, der im Begriff ist, zu den Göttern aufzusteigen, besitzt die Meisterschaft über alle niederen und höheren Naturkräfte. Die Magie wird jedoch niemals um ihrer selbst willen ausgeübt; sie bleibt nur Begleiterscheinung auf dem vom Adepten zu beschreitenden Weg der Selbst-Transformation und der inneren Gottwerdung, den man auch als einen Weg der Inneren Alchemie verstehen kann. Magische Fähigkeiten sind eine Eigenschaft des werdenden Gottmenschen, doch wird ein solcher Aufgestiegener den ihm zugewachsenen magischen Kräften nur wenig Beachtung schenken. Er wird sie niemals in der Öffentlichkeit zur Schau stellen, schon gar nicht dazu verwenden, Macht und Reichtum zu erwerben; denn wir wissen ja, dass kraft des allwaltenden Schicksalsgesetzes jede Tat auf ihren Urheber zurückfällt. Wenn man bedenkt, welcher Missbrauch der Magie bei den Atlantiern betrieben wurde, so kann man sich gut vorstellen, dass die karmischen Nachwirkungen bis zum heutigen Tage noch anhalten.

In den Besitz der hermetischen Magie wird daher erst der kommen, der sich ihrer als würdig erwiesen hat. Keine unreine oder niedere Seele kann hier als Kandidat zugelassen werden, sondern nur jemand, der sich auf einem spirituellen Pfad der Selbst-Transformation als ein vollkommenes Gefäß des inneren Gottmenschen geschaffen hat. Nur so besteht keine Gefahr des Missbrauchs mehr; denn die hermetische Magie ist ohne Zweifel von allen Spielarten der Magie die bei weitem effektivste, und wer solche Schöpfungsenergien verwaltet, muss auch die innere Reife besitzen, mit ihnen umzugehen. Nirgendwo sonst ist die Gefahr der Versuchung, die Verlockung des Machtmissbrauchs so groß wie auf dem Gebiet der praktischen, experimentellen Magie. Gerade in heutiger Zeit, wo so viele dunkle Kräfte auf den Plan gerufen sind, kann hermetische Magie nur als Geheimschulung betrieben werden.

Die Magie gehört – zusammen mit der Astrologie und der Alchemie – zu den praktischen Wissenschaften der Hermetik; dabei teilt sich die Magie selbst wieder in zwei Zweige, in die niedere und höhere Magie, die *magia naturalis* und die *theurgia*. Die niedere oder Naturmagie besteht im engeren Sinne in der Beeinflussung der Welt der vier Elemente durch mentale Kräfte, in der Steuerung stofflicher Vorgänge durch den Geist. Hier bewahrheitet sich vollends der Satz, dass der Geist Herr über die Materie ist. Niedere Magie heißt diese Stufe des Adeptenweges deswegen, weil man es hier vorwiegend mit den unteren Naturwesen-Hierarchien zu tun hat, mit Elementarwesen und planetarischen Hilfsgeistern. Die *theurgia* oder Göttermagie wird hingegen zur höheren Magie gerechnet. Sie ist in erster Linie ein Arbeiten mit den höheren Götterhierarchien, mit den Regentenwesen des Alls, die durch spezielle Übungen wie Evokationen oder Invokationen angerufen werden. Der Theurg ist daher der Weißmagier im höchsten Sinne; sein Arbeiten ist in der Tat ein hohepriesterliches Amt, denn er verkehrt mit den Göttern des Alls wie mit seinesgleichen, er wirkt als Mittler zwischen Himmel und Erde, oberer und unterer Welt.

Die Grundlage der *magia naturalis*, der Naturmagie, ist die hermetische Elementenlehre. Ausgegangen wird hier von der klassischen Vier-Elemente-Lehre, wie sie in der abendländischen Tradition seit Empedokles gebräuchlich ist. Dabei gelten die Elemente grundsätzlich als Aspekte des göttlichen Willens; sie stammen aus dem schöpferischen Willen Gottes. *„Aber sage mir"*, fragt Hermes den Poimandres, *„von woher nahmen die Elemente der Natur ihren Ausgang? 'Sie sind aus dem Willen Gottes ausgegangen', sagte er, der diese wunderschöne Welt anschaute und sie nachbildete. Die wässrige Substanz wurde, nachdem sie das Geistwort empfangen hatte, zu einem wohlgeordneten Weltengefüge geformt, wobei sich die Elemente von ihr absonderten; aus den Elementen aber entstand das Geschlecht der beseelten Wesenheiten."*[108]

Das Wasser ist in der Hermetik eine Art Urstoff; in ihm sind alle späteren Elemente noch ungeschieden enthalten, sozusagen das Rohmaterial der Schöpfung. Erst durch die Befruchtung durch den Logos, das Heilige Geistwort, werden die Urwasser schöpferisch. Nach der Scheidung aus dem Urstoff teilen sich die Elemente in zwei Gruppen, die niederen und die höheren. Die beiden niederen, d.h. schwereren, dichteren Elemente sind das Wasser und die Erde; die beiden höheren sind Luft und Feuer. Aus der leichten Substanz des Feuers erschafft später der Demiurg die sieben Planetensphären; Feuer ist nämlich weniger das physische Feuer als vielmehr der kosmische Äther. *„Aus der oberen feurigen Substanz"*, lesen wir im *Corpus Hermeticum, „wurden nun Gestalten geformt, einschließlich der dortigen Planetengötter: die sieben Himmelssphären mit ihren Kreisbahnen traten in Erscheinung und die Götter in ihren astralen Urbildern mit all ihren Konstellationen. Und die Kreisbahnen begannen sich zu drehen, oberhalb des göttlichen Luft-Elementes."*[109]

Der gottbewusste Mensch ist auch der Herr und Meister der vier Elemente. Als einziges aller Lebewesen im Kosmos kann der Mensch sich in *allen* Elementen bewegen, nicht bloß in einem einzigen: *„Jedes andere Lebewesen hält sich immer nur in einem Teil des Kosmos auf: die Fische im Wasser, die Tiere auf der Erde, die Vögel in der Luft; nur der Mensch macht von allen diesen Elementen Gebrauch, von Erde, Wasser und Luft; ja auch den Himmel betrachtet er, begreift ihn mit seinen Sinnen."*[110] Da der Mensch ein kosmisches Wesen ist, ein Abbild des Makrokosmos, trägt er alle vier Elemente, alle Sternensphären, alle kosmischen Kräfte in sich; er kann überall in der Schöpfung seinen Wohnort nehmen. Der Mensch ist gewissermaßen das Universalwesen, das alle Himmels- und Erdenkräfte in sich beschließt.

Neben den vier grobstofflichen Elementen kennt die Hermetik auch eine feinstoffliche Substanz, die alles Materielle von innen her subtil durchdringt, den ätherischen Lebensgeist oder das *Pneuma*. In ihm haben wir die *quinta essentia* der Alchemisten vor uns, das fünfte Element und geheime Agens der Natur. Im *Poimandres-*

Dialog heißt es über die ersten Menschen: „*Die Natur hatte ihre Körper hervorgebracht, wobei die Erde das weibliche, das Wasser das männliche Element darstellte; und von dem Äther hatten sie ihren Lebensgeist – ihr Pneuma – erhalten.*"[111] Im *Schlüssel an Tat* lesen wir: „*Das Gefährt des Geistes ist die Seele, das Gefährt der Seele aber ist der ätherische Lebensgeist, das Pneuma; und dieser Lebensgeist bewegt den Körper, aber wie eine Last, indem er die Arterien mit Blut durchzieht.*"[112]

In der niederen Magie, der *magia naturalis*, spielt die Beherrschung der ätherischen Lebensgeist-Kraft eine entscheidende Rolle. Auch haben wir es in der Naturmagie mit den Wesenheiten der Elemente zu tun, mit den niederen Natur-Hierarchien. Dass auch in der Hermetik die Elemente als beseelte Wesenheiten gesehen werden, geht allein schon aus dem Buch *Kore Kosmou* hervor, wo Erde, Wasser, Feuer und Luft regelrecht als handelnde Personen auftreten (und sich bei Gott über die anmaßende Rolle des Menschen in der Schöpfung beklagen). Die Vier-Elemente-Magie ist aus ihren alexandrinisch-hermetischen Ursprüngen später in die Alchemie eingegangen. Der Mönch Ferrarius definiert die Alchemie als „die Wissenschaft von den vier Elementen, die sich in allen geschaffenen Stoffen finden, aber nicht von der gewöhnlichen Art sind. Das ganze Verfahren der Kunst besteht einfach in der gegenseitigen Umwandlung dieser Elemente."[113]

Transmutation der Elemente, ihre Auflösung und Neubildung nach der Devise *solve et coagula* (löse und binde), war das eigentliche Werk der Alchemie, jedenfalls der Alchemie im exoterischen Sinne. Und im 4. Jahrhundert n. Chr. war es Nemesius, Bischof von Emesa in Syrien, der in seiner Schrift *De natura hominis* einen Beleg dafür gibt, wie populär die Vorstellung von der

Transmutation der Metalle zu seiner Zeit war: „Um die Zerstörung der Elemente zu verhindern, hat der Schöpfer weislich bestimmt, dass die Elemente sich ineinander oder in ihre jeweiligen Bestandteile verwandeln und dass sich die Bestandteile wiederum in ihre ursprünglichen Elemente auflösen können. Durch den ständigen Ablauf dieses wechselseitigen Zeugungsvorgangs ist die Dauerhaftigkeit der Dinge sichergestellt."[114]

Die Grundlagen der magischen Theurgie sind mit der hermetischen Hierarchien- und Götterlehre gegeben. Die Hermetik kennt eine Fülle von Zwischenwesen, die sich auf den zahlreichen Ebenen zwischen dem physisch verkörperten Menschen und dem obersten unsichtbaren Gott aufhalten, von Halbgöttern, Genien und astralen Intelligenzen über die planetaren Schicksalskräfte bis zum Pantheon der höchsten Götter, die als unmittelbare Wirkkräfte des Kosmos – dieses *„großen Lebewesens"* und *„zweiten Gottes"*– tätig sind. Im *Schlüssel an Tat* heißt es: *„Die göttlichen Wirkkräfte sind, um es einmal so auszudrücken, Ausstrahlungen Gottes, und ähnlich sind die Energien von Geburt und Wachstum Ausstrahlungen des Kosmos; Künste und Wissenschaften aber sind die Strahlkraft des Menschen. Die göttlichen Wirkkräfte bedienen sich des Kosmos, wenn sie wirken; und ihre Auswirkungen treffen den Menschen, und zwar durch die kosmischen Energien wie etwa Geburt und Wachstum, die mit Hilfe der stofflichen Elemente wirken."*[115]

Im *Asclepius*, vor allem in seinem dritten Teil, wird eine hermetische Götterlehre entfaltet. Unterschieden wird zwischen Göttern, die mit den Sinnen wahrgenommen werden können – es sind die sichtbaren Planeten am Himmelsfirmament – und solchen, die nur mit Gedankenkraft erfasst werden können, den wesenhaften Herrschern des Alls, die gleichsam platonische

Ideen darstellen. Sie werden auch *ousiarchoi*, wesenhafte Regenten oder Anfangsgründe allen Seins, genannt. Zu diesen gehören vor allem die Herrscherin über die sieben Planetensphären, die Göttin *heimarmene*, das allwaltende Schicksalsgesetz, sowie *pantomorphos*, der „Allgestaltige", der über die 36 Dekanate des Tierkreises gebietet; ferner Zeus als Chthonios auf der Erde, als Hypatos im Himmel und als Neatos in der Luftregion. Im Übrigen werden die traditionellen Götter des ägyptischen Pantheons voll anerkannt, nicht als mythische Wesen, sondern als Weltkräfte.

Zwischen dem Reich der Menschen und dem der Götter spannt sich noch das schier unübersehbare Reich der Halbgötter auf, der *daimones*, die durchaus nicht Dämonen im christlichen Sinne sind, sondern eher niedere Naturgeister bzw. astrale Intelligenzen von untergeordneter Bedeutung, die auf vielfältige Weise in Leben und Schicksal der Menschen eingreifen. Im *Sendschreiben des Asclepius an König Ammon* (*Corpus Hermeticum* XV) wird dargelegt, dass ganze Heerscharen von Daimones den einzelnen Planetenherrschern unterstellt sind, die im Moment der Geburt in den nicht vom Logos beherrschten Seelenteil des Menschen eindringen, wo sie bald Gutes, bald Böses anrichten, je nach ihrer Art und Wirkungsweise, im ganzen aber nur das von den Sternengesetzen diktierte Schicksalsgesetz ausführen. Die Daimones sind weder gut noch böse, sondern eigentlich nur ausführende Organe. Sie können nicht nur über einzelne Menschen, sondern auch über ganze Städte und Nationen herrschen. Nur der geistbewusste, vom Logos regierte Mensch ist ihrem Einfluss nicht mehr untertan.

Die höhere oder theurgische Magie wendet sich ausschließlich an die Götter als die eigentlichen Regenten des Alls. Der Zweck des magischen Handelns besteht darin, den Einfluss dieser kosmischen Götter auf die Menschen günstig zu stimmen. Von besonderer Bedeutung sind dabei die *Götterstatuen*, die als wirkliche Repräsentanten der Götter selbst gelten. In einem Fragment am Ende des *Corpus Hermeticum* sagt Tat zu König Ammon: *„Daher, mein König, verehre auch die Statuen der Götter: denn diese tragen Formgestalten in sich, die aus der intelligiblen Welt stammen."*[116] Und im Dialog *Asclepius* sagt Hermes Trismegistos, dass der Mensch ein Wunder sei, da er es verstehe, Abbilder der Götter zu verfertigen. *„Aber ich meine Statuen, die lebendig und bewusst sind, vom Hauch des Lebens angefüllt, und die viele mächtige Werke tun; die Vorausschau besitzen und zukünftige Ereignisse voraussagen, durch Losorakel, prophetische Inspiration und Träume und auf vielerlei andere Weise; die Krankheiten über die Menschen bringen und sie heilen; die unter den Menschen Kummer und Freude austeilen, je nach der Menschen Verdienst."*[117]

Hier wird ein Bereich priesterlicher Magie angesprochen, der wohl darin besteht, Götterstatuen aus physischer Materie mit Ätherkraft („Hauch des Lebens") gleichsam „aufzuladen", sodass sie sich zu verlebendigen und selbständig zu handeln scheinen. Es ist durchaus denkbar, dass solche magischen Operationen zum Geheimwissen ägyptischer Priester gehört haben. Im weiteren Verlauf des Dialoges wird Asclepius in alle Geheimnisse der Theurgie eingeführt. Hermes Trismegistos spricht: *„Unsere Vorfahren gingen einst Irrwege, was die Natur der Götter betrifft: es fehlte ihnen der Glaube an sie, und ihrer kultgemäßen Verehrung schenkten sie keine Beachtung; später aber erfanden sie die Kunst, Götter herzustellen aus irgendeiner materiellen Substanz, die dem Zweck am besten dienlich war. Zu dieser Erfindung ließen sie eine* *übernatürliche Macht hinzukommen, wodurch die Bildnisse die Macht bekamen, Gutes zu tun oder zu schaden; wobei sie diese Macht mit der materiellen Substanz vereinigten. Das heißt mit anderen Worten: Da sie nicht in der Lage waren, Seelen zu erschaffen, riefen sie die Seelen von Halbgöttern oder Engeln herbei und verpflanzten diese in die Statuen mit Hilfe von bestimmten geheiligten Ritualen."*[118]

Und auf die Frage des Asclepius, wie denn nun die „irdischen Götter" veranlasst werden, in die Statuen hineinzugehen, antwortet Hermes Trismegistos: *„Sie werden gerufen, Asclepius, mit Hilfe von Kräutern, Steinen und Wohlgerüchen, die etwas Göttliches in sich tragen. Zu diesem Zweck werden sie mit fortlaufenden Opfergaben erfreut, mit Hymnen, Lobpreisungen und Klängen süßer Töne, welche die himmlische Harmonie nachahmen. Dies geschieht deswegen, damit die himmlischen Wesen, die in die Bildnisse hineingelockt wurden, durch ihre Freude an der oft wiederholten Verehrung noch einige Zeit geneigt sind, in der Gesellschaft von Menschen zu wohnen. So ist der Mensch ein Bildner von Göttern."*[119]

# Das Fortwirken der Hermetik in den Traditionen der westlichen Esoterik

## Hermes Trismegistos und die Alchemie

Was hat es eigentlich mit der Alchemie auf sich, jener angeblich von Hermes Trismegistos begründeten Königlichen Kunst, die – ausgehend von der formlosen Urmaterie, der *prima materia* – durch die Vermengung der drei Ursubstanzen *Sal*, *Sulphur* und *Mercurius* den Stein der Weisen zu erlangen hoffte? Trägt sie nicht etwas zutiefst Janusköpfiges an sich, diese eigentümliche, schon in der Spätantike hie und da aufflackernde Geheimwissenschaft, die sowohl esoterische Weisheitslehre ist als auch eine Vorläuferin der modernen Naturwissenschaft?

Zweifellos ist die Alchemie ein Nachfahre wie auch eine praktische Anwendungsform antiker Mysterienreligionen. Aber seit dem ausgehenden Mittelalter wurde unter Alchemie fast nur noch die künstliche Herstellung von Gold verstanden, die oftmals von Scharlatanen und Wundertätern im Dienste geldgieriger Fürsten ausgeübt wurde. So erlangte die Alchemie einen überaus schlechten Ruf, den sie eigentlich gar nicht verdient hätte, wenn man bedenkt, dass sie ursprünglich ein Einweihungsweg war, der den Menschen aus der materiellen Wandelwelt befreien und im Durchgang durch die Sternensphären zu seinem göttlichen Ursprung zurückführen wollte. Es stand nicht die Veredelung der Metalle, die magische Verwandlung von Blei in Gold, sondern die Veredelung der eigenen Seele im Mittelpunkt. Daher der Satz: *„Aurum nostrum non est aurum vulgi"* – „Unser Gold ist nicht das gewöhnliche Gold"

Es mag daher angebracht sein, zwischen wahrer und falscher Alchemie zu unterscheiden. In seinem *Dictionnaire Mytho-Hermetique* (1740) versucht Dom Pernetty den Unterschied zwischen beiden Arten der Alchemie folgendermaßen klarzumachen: „Die meisten Autoren definieren diese Wissenschaft unterschiedlich, weil es zwei Arten gibt, eine echte und eine falsche. .... Die echte Alchemie besteht in der Vervollkommnung der Metalle und in der Aufrechterhaltung der Gesundheit, die falsche dagegen in der Zerstörung des einen wie des anderen. Die erstere benutzt die Mittel der Natur und ahmt ihre Verfahren nach. Die zweite geht von irrigen Grundsätzen aus und verwendet als Mittel den Tyrannen und Zerstörer der Natur. Die erstere bildet aus einer kleinen Menge niedriger Materie ein höchst kostbares Ding. Die zweite schafft aus einem höchst kostbaren Stoff, dem Gold selber, etwas höchst Minderwertiges, nämlich Rauch und Asche."[120]

Der wahre Alchemist ist der gottverbundene Weißmagier, dem es nicht um Machtausübung, sondern einzig und allein um Selbstvervollkommnung geht: „Echte Alchemisten machen nicht viel Aufhebens von ihrer Wissenschaft; sie versuchen nicht, andere Leute um ihr Geld zu beschwindeln oder zu betrügen, weil, wie Morien zu König Chalid sagte, derjenige, der alles hat, nichts braucht. Sie geben von ihrem Besitz den Notleidenden. Sie verkaufen ihr Geheimnis nicht; und wenn sie ihr Wissen einigen wenigen Freunden anvertrauen, dann nur denen, die sie für würdig erachten, es zu besitzen und gemäß dem Willen Gottes zu verwalten. Sie kennen die Natur und deren Verfahrensweisen, und sie benutzen dieses Wissen, um, wie der heilige Paulus sagte, das des Schöpfers zu erlangen."[121]

Die wahre Alchemie, gleichbedeutend mit der hermetischen Philosophie, ist eine gottgemäße Wissenschaft; sie verwendet die Erkenntnis der Gesetze des Kosmos nur zu dem einen Zweck, die eigene Seele zu veredeln, um zu einem rechten Verständnis der Geheimnisse Gottes zu gelangen. Die falsche Alchemie verwendet die Erkenntnis der Gesetze des Kosmos zu dem Zweck, sich gegen die Schöpfung aufzulehnen und sie zu beherrschen; sie will der Natur ihre Geheimnisse gewaltsam entreißen, und dies allein zu Zwecken egoistisch-materieller Glückssteigerung. Dieser Gegensatz lässt sich verdeutlichen an den beiden Personen *Paracelsus* und *Faust*: Paracelsus, der edle Heilkundige, der Freund des Volkes, der Mystiker – Faust, der gewissenlose Betrüger, der sich immer in den Dienst des meistzahlenden Fürsten stellt, zuletzt den symbolischen Pakt mit dem Teufel schließt. Gemeint ist hier nicht die ideale Faustgestalt der Goethe-Dichtung, sondern der historische Doktor Faustus.

Die hermetische Philosophie ist wahre Alchemie und damit auch Weißmagie, die – im Sinne einer gottgemäßen Wissenschaft – die Kenntnis der Gesetze der Natur nur als Mittel für den rechten Umgang mit der Natur nutzt. Das Geheimnis der Stoffes-Umwandlung ist dabei Bestandteil einer umfassenden esoterischen Wissenschaft, in der Naturerkenntnis und Selbsterkenntnis nur zwei Seiten derselben Münze bilden, wobei beides in Gotterkenntnis gipfelt. Die äußerliche Metallveredelung ist nur ein Symbol für die eigentlich zu leistende Arbeit der Seelenveredelung, die Gewinnung des Goldes nur ein Metapher für die Geburt des höheren geistig-göttlichen Selbst, das den eigentlichen Stein der Weisen darstellt. Die hermetische Philosophie lehrt auch, dass der Mensch bei seinem Aufstiegsweg durch die Planetensphären immer gottähnlicher wird; denn Gleiches kann nur von Gleichem erkannt werden, und wer Gott erkennen will, der muss selbst gottgleich werden. In diesem Sinne dichtete einst *Angelus Silesius*:

Soll ich mein letztes End und ersten Anfang finden
So muss ich mich in Gott und Gott in mir ergründen,
Und werden das, was er: Ich muss ein Schein im Schein
Ich muss ein Wort im Wort, ein Gott im Gotte sein.[122]

Eine solche Alchemie der Seele, der es zuerst auf die Gewinnung des inneren Goldes ankommt, wird auch im Rosenkreuzertum gewiesen. In den frühen Rosenkreuzer-Manifesten, zu Anfang des 17. Jahrhunderts entstanden, wird das Goldmachen der zeitgenössischen Alchemisten mit scharfen Worten zurückgewiesen und als ein unnötiges Beiwerk in der Arbeit des wirklichen Adepten bezeichnet. In der *Fama Fraternitatis* lesen wir: „Was aber zu unserer Zeit das gottlose und verfluchte Goldmachen betrifft, das so sehr überhand genommen hat, so ist zu sagen, dass viele dahergelaufene Lecker eine große Büberei damit treiben, indem sie die Neugierde und die Glaubwürdigkeit vieler missbrauchen. (....) So bezeugen wir hiermit öffentlich, dass solches falsch und es mit den wahren Philosophen so beschaffen ist, dass ihnen Gold zu machen ein Geringes und nur ein Parergon (Nebenwerk) ist, derengleichen sie wohl noch etliche tausend bessere Stücklein haben."[123]
Auf der Basis einer esoterischen Alchemie arbeitete die *hermetische Maurerei*, ein im Frankreich des 18. Jahr-

hunderts entstandenes freimaurerisches System, das Begriffe der Alchemie: Vitriol, Kalzination, Quecksilber, Schwefel, als Symbole für die Umwandlung des Menschen verwandte. Die Spuren dieses *Rite hermetique*, der in 9 Grade und einen Abschlussgrad eingeteilt war, finden sich bei den späteren Gold- und Rosenkreuzern. „Die Alchemie ist nicht nur die Kunst oder Wissenschaft der Metallumwandlung, sondern vielmehr eine wahre und solide Wissenschaft, die uns lehrt, wie man die Mitte aller Dinge erkennt" sagt Pierre-Jean Fabre in *Le Secrets chymiques* (1636)[124].

Das Wort „Alchemie" stammt aus dem Arabischen; es setzt sich zusammen aus den beiden Worten *al* und *cheme*, das heißt „schwarz", der alten Bezeichnung für Ägypten. Tatsächlich geht die Alchemie auf ägyptische Ursprünge zurück; als ursprünglich geheiligtes Priesterwissen streng geheim gehalten, flackert sie gegen Ende der Antike vor allem in der oberägyptischen Stadt *Alexandria* auf, von wo aus sie im Laufe des 2. bis 4. Jahrhunderts n. Chr. die ganze jüdisch-hellenistische Kultur der östlichen Mittelmeerwelt beeinflusst. Im Jahre 296 verfügte der römische Kaiser Diocletian, dass alle Bücher über Goldmacherei verbrannt werden sollten, was auf die weite Verbreitung der Alchemie schon im *Imperium Romanum* hinweist. In Alexandria befand sich die spätantike Alchemie in unmittelbarer Nachbarschaft zu orientalischen Mysterienkulten, griechischem Heidentum, Neuplatonismus und vor allem zur hellenistischen *Gnosis*, jener oft in christlichem Gewande auftretenden, in Wahrheit aber zutiefst synkretistischen Erlösungsreligion, die eine Befreiung des Menschen aus den Banden der Materie und zugleich seine Gottwerdung aus eigener Kraft versprach.

Die frühen Alchemisten der alexandrinischen Schule, wie etwa Bolos von Mendes, Zosimos, Cleopatra, befinden sich noch in unmittelbarer Nachbarschaft zur Gnosis; sie schildern, wie Allison Coudert schreibt, „chemische Reaktionen in gnostischen Begriffen und präsentieren gnostische Lehrmeinungen im Gewand der Chemie"[125]. In diesem geistigen Umfeld entstand denn auch das Corpus der hermetischen Schriften, in denen sozusagen die geistigen Grundlagen einer solchen gnostischen Alchemie der Seele dargestellt werden. Aber Europa erreichte die Alchemie nur über einen Umweg, über das Arabertum. Während griechische Philosophie und Wissenschaft in Europa zwischen dem 6. und dem 12. Jahrhundert fast völlig in Vergessenheit geriet, wurde sie von den Jüngern Mohammeds nicht nur gepflegt, sondern auch über alle Gebiete des arabischen Weltreiches verbreitet. So geriet auch die Alchemie zunächst in arabische Hände. Der erste Förderer dieser Geheimen Kunst war Prinz Khalid Ibn Yazid, Sohn des Kalifen, der von einem gewissen Morienus, einem christlichen Asketen aus Alexandria, in die Alchemie eingeführt wurde.

In allen Zentren arabischer Kunst und Wissenschaft wurden Alchemie und griechische Philosophie gepflegt. Der berühmte Arzt und Philosoph Avicenna (eigentlich Ibn Sinna, 980–1037), ein großer Aristoteles-Kenner, stand in dem Ruf, die Alchemie zu betreiben. Er sollte zu einem der großen Lehrer des Abendlandes werden, in der Philosophie wie auch in der Medizin; denn seit der Rückeroberung des maurischen Spanien durch die Kreuzritter im 11. Jahrhundert kam die Christenheit erstmals mit der geistig weitaus höher stehenden Weisheit der Araber in Berührung. Eine rege Übersetzertätigkeit setzte ein, die dazu führte, dass auch alchemistische Werke ins Lateinische übertragen und damit dem Abendland zugänglich gemacht wurden. Erzbischof Raymond von Toledo richtete gar ein Übersetzer-Kollegium ein, und so wurde Toledo zu einer Art Drehscheibe zwischen maurischer und christlicher Kultur. Zu den arabischen Autoren, die den nachhaltigsten Einfluss auf die westliche Alchemie ausübten, zählt Johannes Geber, eigentlich Dschabir Ibn Hayyan, geboren um 721.

Um diese Zeit nun, im 12. Jahrhundert, taucht im Abendland erstmals in lateinischer Übersetzung eine kurze Rätselschrift auf, die oft als eine Gebrauchsanweisung zur Gewinnung des berühmten Steins der Weisen gesehen wurde – die Smaragdene Tafel oder *Tabula Smaragdina*, die Hermes Trismegistos den Begründer der Alchemie nennt.

## Die Hermetik in der Renaissance

Unser geläufiges Wort Renaissance kommt aus dem Italienischen, von *Rinascita*, was soviel wie Wiedergeburt bedeutet. So nannte der erste große Biograph der Renaissancekünstler, Vasari, jenes plötzliche und unerwartete Aufblühen schöpferischer Gestaltungskräfte des diesseitigen Lebens und der autonomen Persönlichkeit, die sich im Italien des 14. Jahrhunderts zu einer machtvollen geistigen Bewegung auswuchs, die bald über ganz Europa ausgriff. Wir kennen diese Bewegung unter dem Namen *Renaissance* und sehen in ihr auch eine Wiedergeburt antiker Mysterienweisheit. Die Bekanntschaft mit den Werken Platons, Plotins und anderer griechischer Klassiker hat zu einer grundlegenden Neubestimmung des Menschen, der Natur und der Kunst geführt, die einen historischen Epochenwechsel – das endgültige Ausklingen des Mittelalters und das Heraufdämmern der frühen Neuzeit – bewirkte.

Der Gedanke zumal, dass der schöpferische Mensch der Gottheit ebenbürtig sei, würde erst im geistigen Klima der Renaissance möglich, weil erst dort der Mensch jenes Maß an Freiheit, Würde und Selbstwert erhielt, das ihn zur *deificatio*, zur Gottwerdung aus eigener Kraft ermächtigte. Der Mensch der Renaissance – das ist nicht mehr Adam, der Erdgebundene, sondern Prometheus, das einzige Wesen außer Gott, das über eigene kreative Schöpferkraft verfügt.

So trägt die Renaissance etwas Titanisches, Prometheisches, Himmelstürmendes in sich, und gleichzeitig mit dieser Neubestimmung des Menschenwesens kam ein bis dahin unbekanntes Interesse an allem Magischen, Mystischen, Okkulten auf, sodass wir in der Renaissance eine der großen Sternstunden der Esoterik sehen dürfen. Kein Wunder, dass der Überlieferungsstrom alexandrinischer Hermetik in den Tagen der italienischen Renaissance machtvoll durchbrach; der hermetische *Anthropos* wuchs sich hier zum magischen All- und Universalmenschen aus.

So fällt denn auch die erste Druckausgabe des *Corpus Hermeticum* mitten in die Blütezeit der italienischen Renaissance hinein, in das Jahr 1471. Es handelte sich um eine Übersetzung des griechischen Urtextes ins Lateinische, die auf Geheiß des Fürsten Cosimo de Medici von Marsilio Ficino (1433–1499), dem allseits anerkannten Haupt der Platonischen Akademie in Florenz, angefertigt wurde. Ficino sollte daraufhin auch die Werke Platons und die Enneaden Plotins ins Lateinische übertragen und damit der Öffentlichkeit jener Zeit erstmalig zugänglich machen; in Hermes Trismegistos, Platon und Plotin sah er eine Kette geistiger Lehrer, die in ihren Schriften die Grundlagen einer *prisca sapientia* („uralten Weisheit") gelegt hätten, die seiner Meinung nach vollkommen im Einklang mit der christlichen Offenbarung stand. Heidnisches und Christliches konnten sich ungehindert vermischen: sie flossen zusammen in eine esoterische Erlösungsreligion, die typisch ist für das magische Denken der Renaissance.

Die Hermetiker der Renaissance sahen offenbar kein Problem darin, die hermetische Esoterik mit dem Dogma der katholischen Kirche in Übereinstimmung zu bringen: Franciscus Patricius versuchte sogar, mit seiner dem Papst Gregor XIV. gewidmeten Ausgabe der Hermetica, der *Nova de universis philosophia* (1591), die katholische Schulphilosophie des Aristoteles zu verdrängen, da er in der Lehre des Hermes eine der christlichen viel eher konforme sah.

Einen anonymen Hermetiker auf dem Papststuhl sehen wir gar in Leo X. (1475–1521), Papst seit 1513, der mit bürgerlichem Namen Giovanni de Medici hieß und ein Zögling von Marsilio Ficino war. Ficino's platonische Akademie in Florenz war aber esoterisch eine hermetische Akademie. Ficino, zutiefst von der Weisheit des Hermes durchdrungen, deutete das Werk Platons esoterisch; zum eigentlichen Platonismus kommt in der Florentiner Akademie immer mystische Erlösungssehnsucht und religiöses Gefühl im Stile des Neuplatonismus hinzu. An Bessarion schrieb Ficino einmal, das Gold, das bei Platon noch von Schlacken bedeckt und nicht zu erkennen sei, erstrahle nach harter Läuterung durch das Feuer erst bei Plotin, Jamblichos und Porphyrios in seiner ganzen Schönheit.

Die Übersetzung Ficinos muss damals in Europa eine wahre Welle der Hermes-Begeisterung ausgelöst haben, eine Wiedergeburt des esoterischen Hermetismus. So wird im *Tractatus quae dicitur Thomae Aquinatis de Alchemia* (1520) Hermes Trismegistos als Psychopompos, als Seelenführer ins Totenreich, zitiert. Auf ihn beruft sich Nikolaus von Kues, Paracelsus, aber auch Agrippa von Nettesheim in seinem dreibändigen Werk *Occulta Philosophia* (1530–33). In der Kathedrale von Siena findet sich eine Phantasiedarstellung des „Hermes Mercurius Trismegistus", und die Inschrift darunter nennt ihn einen „contemporaneus Moysei", einen Zeitgenossen des Moses. Das Gemälde datiert aus dem Jahre 1488 – ein Beleg nochmals für die große Popularität des Dreimalgrößten Hermes in jener Zeit und für das hohe Ansehen, das er selbst in den etabliertesten Kirchenkreisen offensichtlich genoss. Seit seiner Wiederentdeckung und Neuherausgabe durch Marsilio Ficino ist das *Corpus Hermeticum* in alle europäischen Hochsprachen übersetzt worden, so ins Deutsche, Englische und Französische. Hervorzuheben ist auch, dass die Gedankengänge der Hermetik nachhaltig auf die frühe Rosenkreuzerbewegung eingewirkt haben. Das *Rosarium Philosophorum* (1550) jedenfalls beruft sich auf Hermes Trismegistos; die französischen Rosenkreuzer – mit der Alchemie vertraut – hatten als Initiationsritus einen *rite hermetique*. Auch die *Societas Rosicrucianum in Anglia* vergab einen hermetischen Grad.

Im Bannkreis der Hermes-Esoterik standen führende Geister der Renaissance, darunter vor allem der Philosoph Giordano Bruno (1548–1600). Auch Bruno kann man wie Ficino einen philosophierenden Hermetiker nennen; er sehnte sich – anstelle des Christentums – die Religion des „allerweisesten ägyptischen Merkur" herbei und vertrat den hermetischen Gedanken einer Seelenwanderung durch alle Lebensbereiche. Er übernahm auch die Vorstellung von einer Großen Kette des Seins, die vom göttlichen All-Einen bis zur Natur herabreicht; in seinem berühmten Dialog *Von der Ursache, vom Prin-*

*zip und vom Einen* lässt er den Theophilo sagen: „Zunächst also wünsche ich Euch darauf hinzuweisen, dass es nur eine und dieselbe Stufenleiter ist, auf der die Natur bis zur Hervorbringung der Dinge herabsteigt und die Vernunft bis zu deren Erkenntnis aufsteigt, dass beide von der Einheit zur Einheit hinschreiten, indem sie durch die Vielheit der Mittelglieder hindurchgehen"[126]. Dieselbe Stufenleiter findet man in dem hermetischen Dialog *Asclepius* dargestellt: „*Und da sich dies so verhält, sind alle Dinge mit einer Kette verbunden, die sich vom Niedrigsten bis zum Höchsten erstreckt, sodass sie nicht als Vieles gesehen werden, sondern viel eher als Eines.*"[127]

## Die Thesen des Pico della Mirandola

Der Graf Giovanni Pico della Mirandola (1463–1494), einer der überragendsten Hermetiker der italienischen Renaissance, ein Freund Polizians und zum Kreis um Lorenzo il Magnifico in Florenz gehörig, wollte im Jahre 1486 alle Gelehrten der Welt nach Rom einladen, um ihnen 900 Thesen vorzulegen, in denen er die grundlegende Übereinstimmung zwischen antiker Mysterienweisheit und christlichem Glauben nachzuweisen suchte. Ein ganz sinnenfrohes, weltzugewandtes Christentum vermählt sich bei Pico della Mirandola mit neuplatonischen, hermetischen und kabbalistischen Gedankengängen, ein synkretistisches System westlicher Esoterik, wie es in ähnlicher Form später von den Rosenkreuzern herausgebildet wurde. Über die geistigen Quellen, aus denen er schöpft, sagt Pico della Mirandola: „Deswegen war ich auch nicht zufrieden mit den allgemein bekannten Lehren und habe noch vieles aus der ehrwürdigen Theologie des Mercurius Trismegistus, vieles aus den Wissenschaften der Chaldäer und des Pythagoras und vieles aus den geheimen Mysterien der Hebräer hinzugefügt."[128]

Pico della Mirandola, der griechischen Sprache wie auch des Hebräischen mächtig, hatte sowohl das *Corpus Hermeticum* als auch die Kabbala im Original gelesen, und er verfolgte den Plan, eine öffentliche Gelehrten-Disputation einzuberufen, wie sie ja seit dem Mittelalter im scholastischen Lehrbetrieb durchaus üblich war. Die Einladung hierzu – sie ging an alle Universitäten Italiens, Spaniens, Frankreichs und Deutschlands – beginnt mit den Worten: „Der Graf von Mirandola wird diese neunhundert Sätze, die der Dialektik, der Moralphilosophie, der Physik, der Mathematik, der Metaphysik und der Theologie, der Magie und der Kabbala entnommen sind und welche teils eigene Gedanken vertreten, teils aus den Schriften der weisen Chaldäer, Araber, Griechen, Ägypter und Lateiner stammen, öffentlich verteidigen. In der Formulierung dieser Thesen hat er sich nicht der rein lateinischen Sprache angeschlossen, sondern er hat sich der Sprache der berühmten Disputatoren in Paris bedient."[129]

Als Einleitung zu diesen 900 Thesen sollte eine von Pico verfasste *Rede über die Würde des Menschen* (*Oratio de Hominis Dignitate*) dienen, die in ihrem Kern ein ganz neues, revolutionäres Menschenbild darstellt, das Menschenbild der Renaissance in ihrer ersten bewussten Ausformulierung! Aber zu der geplanten Disputation sollte es nicht kommen. Papst Innozenz VIII. verbot das kühne Unternehmen und verhängte über den jungen Gelehrten Pico della Mirandola den Kirchenbann. Zwar wurde der Bann durch Papst Alexander VI. im Jahre 1493 wieder aufgehoben, doch zu diesem Zeitpunkt hatte Pico der Philosophie abgeschworen und sich – wohl unter dem Einfluss Savonarolas – ganz einem mönchisch-asketischen Leben hingegeben. Im Jahr darauf starb er, plötzlich und unerwartet, an einem fiebrigen Infekt, noch nicht ganz 32 Jahre alt. Aber mit seiner *Rede über die Würde des Menschen*, die posthum veröffentlicht wurde (1496), hatte der tragisch Verstorbene ohne Zweifel die entscheidende Programmschrift der italienischen Renaissance verfasst, die weit über das *Quattrocento* hinaus in die Zukunft weist und die Ecksteine eines neuzeitlichen Menschenbildes legt.

Vor allem aber ist die *Rede über die Würde des Menschen* ein großartiges Manifest im geistigen Klima der Renaissance. Vom „Wunder des Menschen" handelt diese Rede, und sie beginnt mit den Worten: „Verehrte Väter! In arabischen Schriften habe ich folgendes gelesen. Man fragte einmal den Sarazenen Abdallah, was ihm auf dieser Welt, die doch gleichsam eine Schaubühne wäre, denn am bewunderungswürdigsten vorkomme. Darauf antwortete jener, nichts scheine ihm bewunderungswürdiger als der Mensch. Dieser Meinung kann man auch noch den Ausspruch des Mercurius hinzufügen: '*Ein großes Wunder, o Asclepius, ist der Mensch*'."[130] Pico della Mirandolla muss also den lateinischen Dialog *Asclepius* gekannt haben; denn diesem ist das Zitat ja wörtlich entnommen. Die hermetische Anthroposlehre, die spirituell und zugleich in gewissem Sinne anthropozentrisch ist, indem sie den Menschen als das Mittelpunktwesen des Universums sieht, gelangte durch Picos Rede in der Renaissance zu großer Wirkung.

Ein Grundgedanke, der Picos *Rede über die Würde des Menschen* wie ein roter Faden durchzieht, besagt, dass der Mensch von Natur aus keiner festen Wesensbestimmung unterliegt, sondern sich sein Wesen stets neu setzt, nicht aus eigener Willkür heraus, sondern aus bewusster selbstverantwortlicher Entscheidung. Der Mensch trägt von Natur aus alle Möglichkeiten in sich, und er muss selbst entscheiden, auf welche Stufe der Schöpfung er sich stellt – ob auf die des Tieres, des Menschen, des Engels, ja selbst Gottes. Darin, dass er sich seine Natur selber erschafft, darin besteht die Freiheit, die Würde, die Berufung des Menschen!

An entscheidender Stelle seiner Rede lässt Pico den Schöpfergott an den Menschen folgende Worte richten: „Keinen festen Sitz, keine dir eigene Gestalt, kein besonderes Erbe haben wir dir, Adam, gegeben, damit du welchen Sitz immer, welche Gaben immer, die Du Dir nach Deinem Wunsch und Deinem Entschluss erwählest, zu eigen haben mögest. Alle anderen Wesen haben eine bestimmte Natur erhalten und werden von uns unter vorher bestimmten Gesetzen festgehalten. Dich allein bindet keine Schranke, es sei denn, dass Du selber nach Deinem Willen, den ich Dir verliehen, sie Dir vorschreibst. Mitten in die Welt habe ich Dich gestellt, damit Du umso leichter um Dich schaust und schaust alles, was darinnen ist. Ich schuf Dich als ein Wesen, weder himmlisch noch irdisch, weder sterblich noch unsterblich allein, damit Du Dein eigner freier Bildner und Überwinder seiest und jedwede Form, die Du für Dich erwählst, annehmen könntest. Du kannst zum Tier entarten und zum Göttlichen Dich wiedergebären.“[131]

Ganz ähnlich hatte es ein anderer großer Humanist jener Zeit, Nicolaus Cusanus (1401–64), ausgedrückt: „Es kann demnach der Mensch ein menschlicher Gott sein und Gott menschlich; er kann ein menschlicher Engel sein, eine menschliche Bestie, ein menschlicher Löwe oder Bär, oder was sonst auch immer. Denn innerhalb der Wirkmöglichkeit der Menschheit existiert alles dies auf seine Weise. Es gibt aber keine andere Begrenzung der aktiven Schöpferkraft der Menschheit als eben die Menschheit selbst."[132] Der Mensch der Renaissance – das ist Prometheus, der hermetische *Anthropos*, der sein eigenes Wesen in selbstgesetzlicher Freiheit immer wieder neu erschafft.

## Der Impuls des Christian Rosencreutz

Die Hermetik ist der *Gnostische Yoga des Westens* – ein Weg der Gottes-Vereinigung durch Erkenntnis. Und nach Seth, Henoch und Hermes, den drei großen Verkündigern dieser Lehre, war es zuletzt *Christian Rosencreutz*, der als ein Gesandter der Großen Hermetischen Loge auf die Erde herabkam, um die längst dekadent gewordene Alchemie im geistigen Sinne zu reformieren. Christian Rosencreutz sollte den Menschen zeigen, dass die wahre Kunst des Goldmachens die Gewinnung des inneren Goldes sei, die Seelenveredelung; dass der wahre Stein der Weisen nur im Inneren Tempel des Herzens gefunden werden kann. So hatte Christian Rosencreutz einen hohen Weltauftrag zu erfüllen. Er sollte die Grundlagen einer spirituellen Alchemie aufzeigen – einen Weg der Selbst-Transformation, der Durchgeistung und Durchlichtung aller Materie, wie er von den Adepten und Meistern der hermetischen Philosophie seit urher gewiesen wurde.

Es hat auch zu den Aufgaben des Christian Rosencreutz gehört, einen esoterischen Orden zu gründen – die Bruderschaft der Rosenkreuzer, von der die von Johann Valentin Andreae verfasste *Fama Fraternitatis* aus dem Jahr 1614 zu berichten weiß. Es gab später in Europa unzählige Gruppierungen, die sich als Rosenkreuzer bezeichneten; aber sie alle gehen letztlich zurück auf jenen ursprünglichen Orden, den Christian Rosencreutz einst gründete. Dieser esoterische Orden des

Christian Rosencreutz war ein Ableger der Großen Hermetischen Bruderschaft des Lichts, der Meister von Luxor. Er hatte die Aufgabe, das uralte, mittlerweile in Vergessenheit geratene Weistum der Hermetik wieder neu ins Bewusstsein der Menschheit zu bringen – in christlichem Gewande zwar, wie zu jener Zeit nicht anders möglich, aber doch von den ursprünglichen ägyptischen Mysterien ausgehend, wie sie der alten alexandrinischen Hermetik zugrundelagen.

Dass Christian Rosencreutz mit den ägyptischen hermetischen Meistern in Berührung stand, unterliegt gar keinem Zweifel. Im Jahre 1378 betrat Christian Rosencreutz den Erdenplan; sein Alter wird mit 106 Jahren angegeben. In seinen Jugendjahren unternahm er viele Reisen, vor allem in den Orient. Von Jerusalem aus zog er durch die arabischen Länder, wo er mit den dortigen Weisen, allesamt Eingeweihte der Alchemie, zusammentraf. Und dann, heißt es in der *Fama Fraternitatis*: „Er fuhr mit dem Schiff aus dem Roten Meer nach Ägypten, wo er sich nicht lange aufhielt ...“[133]

Christian Rosencreutz weilte in Ägypten; er saß dort zu Füßen der hermetischen Meister, empfing in den verborgenen Tempeln, Krypten und Pyramidenkammern jenes Geisteswissen, das er dem Abendland weiterzugeben hatte. Man muss bedenken, dass seit dem Ende des Mittelalters die Alchemie längst zu einer dekadenten Goldkocherei herabgesunken war, ein Tummelplatz für Scharlatane und Schwarzkünstler. Dass hier eine Reform dringend notwendig war, leuchtet ein: es galt, die Alchemie auf ihre geistigen Ursprünge zurückzuführen und sie als esoterische Alchemie, als Inneren Weg der Selbstveredelung, neu zu verstehen.

Das Ziel des Rosenkreuzertums, des von Christian Rosencreutz gegründeten Ordens, war nicht bloß eine

Reform der Alchemie; es ging vielmehr um eine „General-Reformation der ganzen Welt" im Zeichen des mystischen Rosen-Kreuzes. Das mystische Rosen-Kreuz ist ein Symbol für geistige Erweckung; es zeigt das Erblühen des Geistes-Selbst auf dem Kreuz der Materie. Die Reformation Martin Luthers wurde als unzureichend erkannt. Sie hat an die Stelle des päpstlichen Dogmas das bloße Schriftwort gesetzt, das in seinem bloß äußerlichen Verständnis keinen Weg zum Geistigen eröffnet; es wurde kein Weg eines esoterischen Christentums gewiesen. Dies aber war die Aufgabe des frühen Rosenkreuzertums: es galt, auf der Grundlage der uralten hermetischen Theosophie ein esoterisches Christentum zu gewinnen, als ein Angebot für alle Suchenden der damaligen Zeit. In der frühen Rosenkreuzer-Bewegung wirkte machtvoll der Impuls des Hermes Trismegistos; etliche Rosenkreuzer-Gruppierungen vergaben bei ihren Einweihungen einen hermetischen Grad. So hat Christian Rosencreutz das Werk seines Meisters – Hermes Trismegistos – fortgesetzt, und er verwaltet bis zum heutigen Tage sein geistiges Erbe.

## Die Hermetik in der Freimaurerei

Alchemistische und hermetische Strömungen konnten im 18. Jahrhundert in die – damals überall in Europa aufblühende – *Freimaurerei* Eingang finden. Im Zeitalter der Entstehung der ersten englischen Großloge waren alchemistische Einflüsse noch stark wirksam. In den *Schottengraden* setzte die Alchemie als Gradgeheimnis mit der Begründung ein, dass unter den Kreuzfahrern 1090 vier Altmeister aus Schottland Kenntnis von einer dementsprechenden Tradition gehabt hätten. Demzufolge sei auch in den Grundstein des Salomonischen Tempels ein Meisterwort mit einem Hinweis darauf eingelegt worden. Den Schotten sei es geglückt, in einem ausgehöhlten Quadratstein drei goldene Schalen mit den Buchstaben I., G. und O. zu finden, den jüdischen Sinnbildern der drei Grundstoffe der Welt (Sal, Sulphur und Mercurius). Mit dieser Legende wurde eine Wendung eines Teils der damaligen Freimaurerei in die Richtung zum „Okkultismus", zum alchemistischen Mysterienbund gebahnt.

Die Alchemie spielte vor allem im theosophischen Hochgradsystem der *Coens Elus* eine große Rolle, ferner bei den – mit der Freimaurerei eng verschwisterten – *Gold- und Rosenkreuzern* sowie bei dem von Saint Martin ins Leben gerufenen *Rite rectifice*. Aber auch im freimaurerischen Ritual überhaupt sind alchemistische Elemente nachweisbar. „Die Freimaurerei hat mit der Wiedergeburt, d. h. mit dem Absterben und Wiederaufbau des inneren Menschen und der Belebung und Stärkung seiner unsichtbaren Kräfte zu tun. Auch ist von der Alchimie her die Anschauung in die Freimaurerei übergegangen, dass die Natur nichts ist als die Stoffwerdung der Gottheit"[134] – so Wolfstieg in *Philosophie der Freimaurerei*, Band 2. Es mag dabei als paradox erscheinen, dass gerade zur Zeit der Aufklärung (Friedrich d. Gr. und Joseph II.) in Deutschland und Österreich große Freimaurergruppen sich ernsthaft mit praktischer Alchemie beschäftigten, also versuchten, *in der Logenarbeit den Stein der Weisen zu erlangen.*

In diesem Zusammenhang ist auch der Begriff der *hermetischen Freimaurerei* von großem Interesse. Man versteht hierunter eine im 18. Jahrhundert in Frankreich aufgekommene Methode, die sich an die hermetische Philosophie anlehnt, indem sie den alchemistischen Prozess der Metallumwandlung als Symbol der spirituellen Selbst-Wandlung des Menschen begreift. Von allen hermetisch-freimaurerischen Systemen war das der *Illumines d' Avignon* das bedeutendste, dessen neun Grade, namentlich die sechs Hochgrade, von hermetischer Symbolik durchzogen waren, während der zehnte Abschlussgrad einen vollständigen Kursus aller hermetischen und gnostischen Wissenschaften enthielt. Die Illumines von Avignon haben nichts zu tun mit den Illuminaten, mit denen sie manchmal verwechselt werden. Ihr Begründer war der ehemalige Benediktinermönch Dom Antoine Joseph Pernetty (1716–1796), der 1765 sein Kloster verließ, um in Avignon die dort eingeschlafene Freimaurerei zu neuem Leben zu erwecken.

Bereits 1766 arbeitete er dort mit einem eigenen System, dem *rite hermetique*, bei dem zu den drei symbolischen Graden noch 6 hermetische Hochgrade hinzutraten, nämlich wahrer Maurer, wahrer Maurer auf dem geraden Wege, Ritter des goldenen Schlüssels, Ritter der Iris, Ritter der Argonauten, Ritter des Goldenen Vlieses; zu diesen neun Graden trat als zehnter der Grad des Sonnenritters hinzu. Auf der Flucht vor Verfolgungen ging Pernetty nach Berlin, wo Friedrich der Große ihn zum Bibliothekar und Mitglied der Akademie der Wissenschaften machte; mit seinen Adepten in Avignon blieb er indes in ständiger Verbindung. Erst 1783 kehrte er nach Frankreich zurück, wurde während der Jakobinerherrschaft kurzzeitig verhaftet, dann aber wieder freigelassen; nach seinem Tod erlahmte die Tätigkeit seiner Gruppe völlig. Der Grad des Sonnenrittes ging in den Schottischen Ritus über.

# Die Hermetik in der Theosophie

Gegen Ende des 19. Jahrhunderts vollzog sich eine Wiederentdeckung der hermetischen Esoterik durch die *Theosophische Gesellschaft*, die im Jahre 1875 in New York gegründet wurde. Wie die Freimaurer und andere Esoteriker brachten die Theosophen die vom materialistischen und wissenschaftsgläubigen Zeitgeist abgedrängte Hermetik wieder neu zu Ehren; sie sahen in ihr die Ausdrucksform einer universellen Urweisheitsreligion der Menschheit, die Spuren in den Hochreligionen und in den verborgenen spirituellen Strömungen aller Völker und Kulturen hinterlassen habe. Denn allen spirituellen Traditionen in Ost und West liege eine gemeinsame Wurzel zugrunde, eine esoterische Urlehre, die keinen Stifter oder Gründer habe, sondern anfangslos seit dem Urbeginn aller Zeiten präexistiere und fortdauern werde bis ans Ende aller Tage.

Es besteht kein Zweifel, dass Helena P. Blavatsky (1831–1891), die Begründerin der modernen Theosophie, die bedeutendste und einflussreichste esoterische Lehrerin des 19. und vielleicht auch des 20. Jahrhunderts gewesen ist. Praktisch alle Esoteriker der 1. Hälfte des 20. Jahrhunderts, vor allem die um 1875 geborenen, sind von den Lehren der Madame Blavatsky maßgeblich beeinflusst. Aus einer russischen Offiziersfamilie stammend, bereiste sie schon in jungen Jahren Europa sowie Indien und Tibet, kam auch schon früh mit einem ihrer Meister in Berührung, dem *Mahatma Morya*, der ihr den Auftrag erteilte, die esoterische Urweisheitslehre in den Ländern des Westens in einer dem modernen Europäer entsprechenden Form zu verbreiten. Die große Tragik der Helena P. Blavatsky bestand darin, dass sie viel zu früh ihre Botschaft in die Welt brachte, warf sie doch die Fackel der spirituellen Philosophie in ein

Äon hinein, das noch ganz von den Vorurteilen des Materialismus verblendet war. Im Besitz höchster medialer Begabung, wurde sie von Rivalen und Parteigängern des Materialismus systematisch diffamiert und so zum Opfer einer groß angelegten Verleumdungskampagne, was ihrem Ruf und leider auch ihren Ideen sehr geschadet hat. Doch heute scheint die Zeit für eine vorurteilsfreie Betrachtung des Phänomens Blavatsky allmählich gekommen zu sein.

Bereits in ihrem monumentalen Erstlingswerk *Isis entschleiert* hat Madame Blavatsky die von ihr vertretene esoterische Urweisheitsreligion mit der „hermetischen Philosophie" gleichgesetzt. Im Vorwort des ersten Bandes schreibt sie: „Unser Werk ist eine Verteidgungsschrift für die Anerkennung der hermetischen Philosophie, der vorzeiten weltumfassenden Weisheitsreligion, als des einzig möglichen Schlüssels zur Vollkommenheit in Wissenschaft und Theologie"[135].

Die *hermetische Philosophie* meint genau das, was die Verfasserin einige Jahre später, gegründet auf die Weisheit des Ostens, als die *Geheimlehre* darstellen wird – die esoterische Universalreligion. Man kann sagen, dass die *Isis entschleiert* einen westlichen Weg zur Esoterik bietet, wie die *Geheimlehre* einen östlichen. Beide stehen wie feurige Fanale am Anfang der modernen esoterischen Bewegung Europas.

Als Ewige Weisheitsreligion darf die Hermetik in der Tat gelten; denn in ihrem Mittelpunkt steht ein Weltbild der wechselseitigen Entsprechung von Mikro- und Makrokosmos sowie das Geheimnis der Gottwerdung des Menschen. Was Gautama Buddha für die Völker des Ostens war, der große Geisteslehrer und Wegbereiter zur Erlösung, bedeutet Hermes Trismegistos für die Völker und Kulturen der westlichen Hemisphäre. Denn das Ziel allen hermetischen Strebens ist ja die Theogenesis, die Gottwerdung des Menschen und seine Einswerdung mit dem All-Einen – buddhistisch gesprochen: das Eingehen ins Nirwana. Für Madame Blavatsky waren daher Buddha und Hermes in jeder Hinsicht Parallel-Gestalten; deshalb sagt sie im dritten Band der *Geheimlehre*: „Die Geheimlehre des arischen Ostens findet sich unter ägyptischer Symbolik und Ausdrucksweise wieder in den Büchern des Hermes."[136]

Das hermetische Axiom *Wie oben, so unten* galt ihr als die Grundformel jeglicher Esoterik schlechthin. In ihren Anweisungen zum Studium der *Geheimlehre* (übermittelt von Robert Bowen) sagt sie: „Der vierte und letzte Grundsatz, der immer bedacht werden muss, wird in dem großen hermetischen Axiom ausgedrückt. Er fasst alle anderen Grundsätze zusammen und ist ihre Synthese. Wie innen, so außen; wie das Große, so das Kleine; wie oben, so unten: Es gibt nur Ein Leben und Gesetz, und der es ausführt, ist Einer. In der göttlichen Ordnung ist nichts innen und nichts außen, ist nichts groß, nichts hoch und nichts niedrig."[137]

In *Isis entschleiert* hat Madame Blavatsky erstmals auf die Loge der hermetischen Meister hingewiesen, die in den Ländern des Westens unter dem Namen *Hermetische Bruderschaft des Lichts* oder *Hermetische Bruderschaft von Luxor* bekannt geworden ist. Sie beschreibt sie als eine „geheime Bruderschaft, die seit sehr alter Zeit bestanden hat und eine Hierarchie von Beamten, geheimen Zeichen und Passworten, sowie eine besondere Methode der Unterweisung in der Wissenschaft, Religion und Philosophie besitzt .... Wenn wir jenen glauben können, die gegenwärtig bekennen, zu ihr zu gehören, so sind: *Der Stein der Weisen, das Lebens-Elixier, die Kunst der Unsichtbarkeit* und die Macht des direkten Verkehres mit dem intramundanen Leben, Teile der Erbschaft, die ihnen zufiel..... Alle schienen Männer von 40–50 Jahren und augenscheinlich umfassender Gelehrsamkeit zu sein .... Ihre Sprachenkenntnis kann nicht angezweifelt werden .... Sie blieben nie lange in einem Lande, sondern verschwanden wieder, ohne Aufmerksamkeit zu erregen."[138]

In der Schrift *Kybalion* (1906) wird ebenfalls auf die Existenz der hermetischen Meister des Westens hingewiesen. Dort heißt es: „Im alten Ägypten wohnten die großen Adepten und Meister, die in den Jahrtausenden, die seit den Tagen des großen Hermes verflossen sind, niemals übertroffen und selten erreicht worden sind. In Ägypten war der Sitz der Großen Loge der Mystiker. Ihre Tempel betraten die Novizen, die später als Hierophanten, Adepten und Meister in alle Teile der Welt wanderten und das kostbare Wissen in sich trugen, das sie bereit und willens waren, denen zu übermitteln, die ebenso bereit waren, es zu empfangen. Alle Schüler des Okkultismus wissen, was sie den verehrungswürdigen Meistern dieses alten Landes schulden."[139]

Es gibt Meister der Weisheit in allen Teilen der Welt, im Westen wie im Osten, in den Ländern des Nordens wie in denen des Südens; aber die Aufgestiegenen Meister von Luxor – die hermetischen Meister des Westens – haben seit jeher mehr in den ägyptisch-abendländischen Kulturraum hinein gewirkt. So mag Ägypten als das Kernland der Esoterik gelten.

# Die Hermetik im 20. Jahrhundert

Rosenkreuzertum, Freimaurerei, Alchemie, die Welt der Logen und Geheimgesellschaften – das ist der geistige Untergrund, in den sich die Hermetik seit dem 18. Jahrhunderts zunehmend zurückgezogen hat, verdrängt durch die Philosophie der Aufklärung und die damals neu aufkommende Naturwissenschaft.

Die Naturphilosophie des deutschen Idealismus und der Naturbegriff der Romantik knüpfen in ihrer Opposition gegen die Reduzierung der Natur auf mathematisch formulierbare Gesetzmäßigkeiten an gnostisch-mystisches Gedankengut an, ohne aber den Begriff des Hermetischen ausdrücklich zu verwenden. Dass hermetische Vorstellungen auch im 20. Jahrhundert noch immer lebendig geblieben sind, belegen die einschlägigen Artikel im *Rosicrucian Manual* und das Buch von Alexander von Bernus *Alchymie und Heilkunst*.

Rudolf Steiner (1861–1925), der Begründer der Anthroposophie, spricht von Hermes Trismegistos mit Worten höchster Begeisterung. In seinem Vortrag *Hermes* vom 16. 2. 1911 sagt er: „So blicken wir gerade zu denjenigen Geistern der Menschheit hin, die uns – wie Zarathustra, so auch Hermes – deshalb so groß erscheinen, weil sie zuerst die größten Impulse der Menschheit in jener altersgrauen Zeit gegeben haben, von welcher der Weise zu Solon sprach. Wir schauen hinauf zu Hermes oder Thot und sagen uns: Wie Zarathustra, so steht auch Hermes da als eine derjenigen führenden Individualitäten der Menschheit, gegenüber denen wir, sie anblickend, in uns selber eine Steigerung unserer Kräfte fühlen, wissend, dass der Geist nicht nur in der Welt ist, sondern immerzu hineinströmt in Weltentaten, in Menschheitsentwickelung! Wir fühlen uns so recht in unserem Dasein bekräftigt, in unserem Wirken beglaubigt, in unserer Hoffnung versichert, in unserer Bestimmung als Menschen verstärkt durch den Zusammenhang mit solchen Geistern, von denen wir immer sagen werden: Zu ihnen blicken Nachgeborene und suchen ihr eigenes Dasein in den Gaben ihrer Seelenkräfte und erkennen das eigene Wirken in den ewigen Geisteswerken der durch die Menschheit hin mit mächtigem Impuls wirkenden Geistesführer!"[140]

Esoteriker des 20. Jahrhunderts haben auch nach Rudolf Steiner immer wieder auf die Geistgestalt des Hermes Trismegistos und seine Bedeutung für ein neues ganzheitliches Weltbild hingewiesen. Ein zeitgenössischer Autor, Thorwald Detleffsen, nannte ihn gar den „Stammvater der Esoterik"[141]. Für K. O. Schmidt, auch er ein sehr populärer Vertreter der modernen Esoterik, war Thot-Hermes „der Begründer der ägyptischen Kultur und der größte Erleuchtete und Prophet der Völkerschaften des Nillandes", und er dürfte seiner Meinung nach „etwa zu Beginn des 'Alten Reiches', das die 1. bis 10. Dynastie (3400–2100 v. Chr.) umfasste, gelebt und gewirkt haben."[142]

In Kreisen der New-Age-Bewegung erfreut sich die kleine anonyme Schrift *Kybalion*, im Dezember 1906 in Chicago erschienen, größter Beliebtheit. Doch tatsächlich muss diese Schrift als ein pseudo-hermetisches Plagiat bezeichnet werden. Ihr Verfasser war vermutlich William Walker Atkinson (1862–1932), der als ein Autor der amerikanischen Neugeist-Bewegung um 1900 sehr populäre Schriften über Okkultismus und Yoga unter zahlreichen Pseudonymen veröffentlichte. Der Name *Kybalion* ist ein reines Phantasiewort, und der Inhalt der Schrift steht in keinerlei Bezug zu den Lehren der hermetischen Theosophie. In heutigen Esoteriker-Kreisen wird der Begriff Hermetik zuweilen mit den

Lehren des deutsch-tschechischen Magiers Franz Bardon (1909–1958) in Verbindung gebracht. Aber Bardons Schriften sind rein ritualmagisch; ein Bezug zur klassischen Hermetik ist auch hier nicht erkennbar.

Unabhängig von der Adaption der Hermetik durch Rosenkreuzertum, Theosophie und Anthroposophie setzt um das Jahr 1900 die wissenschaftliche Hermetik-Forschung ein, die mit jeweils unterschiedlichen Deutungsansätzen versucht, das Phänomen der Hermetik entweder philosophiegeschichtlich, als Vorbereitung des Neuplatonismus, oder religionsphilosophisch als spätantike Mysterienreligion in enger Nachbarschaft zu Gnosis und frühem Christentum zu begreifen, wobei die geistigen Ursprünge der Hermetik je nach Standpunkt im Ägyptischen, Orientalischen, Iranischen, oder in der griechischen Philosophie gesucht werden. Aber auch das Zukunftsweisende der Hermetik wird von der Fachwissenschaft zunehmend erkannt. Mit den Worten des namhaften Ägyptologen Erik Hornung:

„Man spricht wieder zunehmend von der Aktualität der hermetischen Weltsicht, die einen Beitrag zur Sinngebung auch für unsere moderne Welt leisten kann, wobei sie unmittelbar an das Urwissen der ältesten Kulturen anzuknüpfen versucht, an die Kernidee aller Esoterik, wonach uralte Weisheiten auch in einer gewandelten Welt immer noch gültig bleiben. Alle Hermetik ist ihrem Wesen nach tolerant, Hermes Trismegistos ist ein Gott des Ausgleichs, der Versöhnung und der Wandlung, der keine starren Dogmen verkündet. Darin ist er ein Heilmittel gegen jeglichen Fundamentalismus, den es zu überwinden gilt, wenn wir in Frieden leben wollen."[143]

Im beginnenden 21. Jahrhundert scheint sich eine neue Renaissance des hermetischen Gedankenguts anzubahnen. Diese Wiederbelebung eines alten spirituellen Erbes entspricht ganz und gar dem Wendezeit-Charakter der Gegenwart. Die Menschheit befindet sich im Übergang zu einer spirituellen Zukunftskultur, deren Umrisse sich noch nicht klar genug herausgebildet haben. In einer solchen Situation kann die Hermetik mit dazu beitragen, den großen geistigen Quantensprung unserer Zeit zu vollziehen.

Die Grundideen der Hermetik – die Einheit allen Seins, die Identität von Ich, Welt und Gott und die wechselseitige Entsprechung von Mikrokosmos und Makrokosmos – sind aktueller als je zuvor. Sie können dazu verhelfen, eine neue Sicht des Weltganzen, nämlich unter dem Primat des Geistigen, vorzubereiten. Wo sonst kann ein ganzheitliches Bewusstsein erwachsen, wenn nicht aus dem Schoß der hermetischen Kosmoslehre, die den Menschen als einen Mikrokosmos und als Abbild eines geistlebendigen Weltalls sieht? Wo sonst kann wirkliche Weisheit erblühen, wenn nicht aus der Mitte des hermetischen Welt- und Menschenbildes, wie es etwa in den Sätzen der *Tabula Smaragdina* oder des *Corpus Hermeticum* niedergelegt ist?

Die Definition des Menschen als kosmisches Wesen ist zukunftsweisend. Im Lichte der Relativitätstheorie, der Quantentheorie und der erweiterten Sicht des Inneren der Atome hat man begonnen, die Begriffe Geist und Materie neu zu definieren. Der Geist erscheint dabei als das Ursprüngliche, Primäre. In dieser Situation kann die Hermetik mit ihrem geist-orientierten Weltbild zu einer neuen Sicht von Mensch, Erde und Kosmos hinführen.

IHS
COLLEGII ROM
Soc. Jesu
MUSÆUM

# Die christliche Hermetik von Valentin Tomberg

### Hermetik – heidnisch oder christlich?

Der Begriff Hermetik ist heute wohl einer der vieldeutigsten überhaupt; vielschichtig und schillernd geistert er durch die Lande, und eine babylonische Sprachverwirrung entsteht dadurch, dass Jeder diesen Begriff in einem anderen Sinn gebraucht. Zahlreiche Esoteriker des 20. Jahrhunderts, unter ihnen Rudolf Steiner, haben immer wieder auf die Geistgestalt des Hermes Trismegistos und seine Bedeutung für ein neues ganzheitliches Weltbild hingewiesen. Auch *Valentin Tomberg* (1900–1973) bezieht sich auf Hermes Trismegistos; in diesem Zusammenhang ist von christlicher Hermetik die Rede.

Die antike Hermetik ist zunächst einmal hundertprozentig heidnisch. Im streng historischen Sinne ist sie eine spätantike Erlösungsreligion. Ihr dezidiert heidnischer Charakter steht außer Frage. Entstanden in den ersten 2 bis 3 Jahrhunderten unserer Zeitrechnung, war sie eine Gegenbewegung zu dem gerade aufkommenden Christentum. Man kann sie regelrecht als eine heidnische Gegenreformation verstehen, die der Christianisierung immer größerer Bevölkerungskreise, gerade etwa in Alexandria, einen Damm entgegenzusetzen versuchte. Die Verfasser der hermetischen Traktate haben sich Mühe gegeben, ihrer Darstellung einen ägyptischen Lokalkolorit zu verleihen. Ägyptische Götter treten auf, allerdings nur am Rande, und dann meist mit griechischen Namen. Die Sprache der Texte ist griechisch, die philosophische Argumentation platonisch. Der Inhalt jedoch ist reine Einweihungslehre – es geht immer wieder um Erlösung, Befreiung, Aufstieg durch die Planetensphären zur geistig-göttlichen Ursprungswelt. Dabei wird an das Schema spätantiker Mysterien angeknüpft. Die Mithras-Mysterien und die verschiedenen Richtungen der Gnosis atmen verwandten Geist.

Jetzt könnte man fragen: Wo bleibt denn nun die christliche Hermetik? Gibt es die denn überhaupt? Tatsächlich haben Kirchenväter wie Augustinus, Tertulian und Lactanz der Person des Hermes Trismegistos größte Wertschätzung entgegen gebracht. Sie hielten ihn für einen der größten Weisen aller Zeiten. Augustinus betrachtete Hermes als einen Zeitgenossen des Moses und diesem ebenbürtig. Überdies findet man in den antiken hermetischen Schriften gewisse Denkmuster, die denen des Christentums nahe verwandt sind:

1. Der Begriff Menschenhirt
2. Die Logos-Lehre
3. Das Mysterium der Wiedergeburt
4. Der Begriff Sohn Gottes.

Man hat den Dialog *Poimandres* ein paganisiertes Evangelium genannt. Dort kommt der Begriff des Menschenhirten vor – ein Ausdruck, der später auf Christus bezogen wurde. Am Anfang des Dialoges steht Offenbarungs-Geschehen: dem Hermes Trismegistos, der in einen tranceartigen Halbschlaf gefallen ist, zeigt sich eine Wesenheit, die sich ihm gegenüber als *Poimandres* ausgibt. Poimandres bedeutet wörtlich übersetzt der Menschenhirt; er wird von Hermes unbestimmt als eine „Wesenheit von riesenhaftem Ausmaß" geschildert. Poimandres selbst gibt sich in seinen nun folgenden Lehrunterweisungen als der *Logos authentikos* zu erkennen – als der wahre Logos oder der in Vollmacht waltende Weltgeist.

Nach diesem gewaltigen Offenbarungsereignis wird dem von Poimandres einzuweihenden Hermes Trismegistos die *Kosmogenese*, der Ablauf des Schöpfungsprozesses, aufgezeigt: Gesichte und Visionen überkommen ihn; in einer grenzenlosen Schau verwandelt sich ihm alles in Licht, in jenes Licht, das am Anfang der Schöpfung stand. Und dann sieht er die formlose, dumpfe, in Finsternis gehüllte Urmaterie, eine Art „wässrige Substanz", und er sieht, wie der Logos als das heilige Geistwort über den Urgewässern schwebt – *Es werde Licht*.

Und nun zitiere ich wörtlich aus dem Dialog Poimandres: „*Nachdem er solches gesprochen hatte, verwandelten sich alle Dinge vor mir in ihrer Gestalt, und sie wurden mir plötzlich allesamt eröffnet. Ich bekam eine grenzenlose Schau, indem sich Alles in Licht verwandelte, in ein mildes und freudevolles Licht, und ich bewunderte den Anblick. Kurz darauf war in einem Teil eine herabziehende Finsternis aufgekommen, furchterregend und grimmig. Und daraufhin sah ich, wie die Finsternis sich in eine wässrige Substanz verwandelte, die unsagbar hin- und her geschüttelt wurde und dabei Rauch von sich gab wie Feuer; und ich hörte, wie sie einen unbeschreiblichen Klagelaut von sich gab, einen unartikulierten Schrei. Aber aus dem Licht ging das heilige Geistwort hervor, der Logos, der über der wässrigen Substanz schwebte; und mir war so, als sei dies Geistwort die Stimme des Lichtes.*"[144]

Das heilige Geistwort, der Logos, ist ein unmittelbarer Ausfluss Gottes. Dieser Logos emaniert als eigenständige Wesenheit. Bis zum Auftreten des Demiurgen bleibt er die eigentlich schöpferische Kraft. Wenn man liest, dass das heilige Geistwort über der wässrigen Ursubstanz schwebte, denkt man sogleich an den biblischen Schöpfungsbericht, wo es heißt: „*Und die Erde war wüst und leer, und es war finster auf der Tiefe; und der Geist Gottes schwebte auf dem Wasser*" (1. Mose, 2). Weiterhin heißt es in dem Dialog: „*Und Poimandres sprach zu mir: 'Verstehst Du die Bedeutung dieser Schau?' 'Sage mir die Bedeutung', sagte ich, 'und ich werde sie kennen.' 'Das Licht', sagte er, 'bin Ich, der Weltgeist, der Erste Gott, der vor der wässrigen Substanz war, die aus der Finsternis auftauchte; und das Geistwort, das von dem Licht ausging, ist der Sohn Gottes.*"[145]

Dass die schöpferische Logos-Kraft als *Sohn Gottes* bezeichnet wird, lässt erkennen, dass das Christentum mit seiner Gleichsetzung des Sohnes mit dem Schöpfergott auf eine weitaus ältere, heidnische, ja vermutlich hermetische Einweihungstradition zurückgeht. Dies gilt insbesondere für das Johannes-Evangelium, wo es im Prolog heißt: „Am Anfang war das Wort (Logos), und das Wort war bei Gott, und das Wort war Gott. *Alle Dinge sind durch dasselbe gemacht*, und ohne dasselbe ist nichts gemacht, was gemacht ist" (Joh. 1/1). Die Logos-Lehre der Hermetik unterscheidet sich jedoch von der christlichen darin, dass sie ganz im Kosmischen bleibt; sie kennt nicht eine Inkarnation des Logos auf Erden.

Als Sohn Gottes wird in der Hermetik nicht nur die kosmogonische Urkraft der ersten Weltenstunde bezeichnet, sondern auch der hermetische Eingeweihte, der Wiedergeborene. Das veranlasst uns, hier nun etwas näher auf das Mysterium der Wiedergeburt einzugehen. Dieses ist vor allem aus dem Christentum bekannt. Betrachten wir nochmals das Johannes-Evangelium. Aus einer geheimen Unterredung des Christus mit Nikodemus stammt der Satz: „*Wahrlich, wahrlich, ich sage dir: Es sei denn, dass jemand von neuem geboren werde, so kann er das Reich Gottes nicht sehen.*" – (Joh. 3/3)

Um einem möglichen Missverständnis gleich am Beginn vorzubeugen, sei gesagt, dass das „von neuem geboren werden" keine neue Existenz in einem physischen Körper andeutet, dass also *keine neue körperliche Reinkarnation* gemeint ist. Es geht vielmehr um eine *Wiedergeburt im Geiste*. Darum heißt es denn auch: „Wundere dich nicht, dass ich dir gesagt habe: Ihr müsst von neuem geboren werden. Der Wind bläst, wo er will, und du hörst sein Sausen nicht, woher er kommt und wohin er fährt. So ist es bei jedem, *der aus dem Geist geboren wird.*" (Joh. 3/7-8)

Diese ziemlich kryptischen Christus-Worte können in ihrem tieferen Mysterien-Sinn nur durch die Wiedergeburts-Lehre der Hermetik erhellt werden. Denn wir wissen: Hermes Trismegistos, der große Eingeweihte, hielt einmal eine „geheime" Rede an seinen Sohn und Schüler Tat *Über die Wiedergeburt*. Und genau dieses bedeutet Wiedergeburt: Hermes Trismegistos ist nämlich, wie er seinem Sohn gegenüber sagt, durch die "Gnade Gottes" aus seinem physischen Körper heraus- und in einen unsterblichen Logos-Körper hineingeboren worden; er besitzt also einen spirituellen Geistkörper, der ihn über alle Beschränkungen dieser relativen Welt von Raum, Zeit und Materie erhebt. Nur mit den *Augen des Geistes* kann man diese neue Wesensgestalt des Hermes Trismegistos, seinen unsterblichen Logos-Körper, sehen; aber eben diese Augen des Geistes sind bei Tat noch nicht geöffnet. Ein im Geiste Wiedergeborener wird in der Hermetik als ein *Sohn Gottes* bezeichnet – ein Ausdruck, der auf das Christentum überging; denn auch Jesus Christus, dieser größte aller Meister, war ein geistig Wiedergeborener. Hermes sagt in seinen Gesprächen mit Tat, die Wiedergeburt betreffend: „*Wer durch diese Geburt hindurchgeht, ist danach ein gänzlich anderer;*

*er ist ein Gott und Sohn Gottes gleichermaßen. Er ist das All und auch in Allem; denn er hat keinen Anteil mehr an körperlicher Substanz; vielmehr hat er Anteil an der Substanz des Geistigen; und er ist vollständig aus göttlichen Energien zusammengesetzt."*[146]

Was versteht man eigentlich unter einem unsterblichen Logos-Körper? Dass unser physischer Körper vergänglich ist, das wissen wir nur allzu gut, doch besitzt der Mensch auch okkulte Zusatzkörper, aus feinstofflicher Seelen-Substanz gewoben, so etwa den Ätherkörper, den Astralkörper und einige mehr. Seit alters her sind sie in Indien bekannt gewesen, und die Theosophie hat dieses Wissen dann nach Europa gebracht. Aber auch diese astral-ätherischen Körper unterliegen der Vergänglichkeit; sie sind ein Ausdruck des niederen Selbst unserer relativen Persönlichkeit. Zwar wird der Astralkörper den Tod des physischen Körpers überdauern, doch er wandert danach nur in die unteren Jenseits-Sphären, um dort geläutert zu werden. Aber auch der Astralkörper wird eines Tages abgelegt wie eine lästige, nicht mehr benötigte Hülle. Was allein Bestand hat, ist der *Logos*, der *Geist*. Wenn wir uns in der Geistigen Welt bewegen wollen, dann brauchen wir zu diesem Zweck einen *Geist-Körper*; dieser ist uns aber nicht von Haus aus zu eigen, sondern *er muss erst noch geboren werden*. Ähnlich wie wir in der physischen Welt einen physischen Körper benötigen, so brauchen wir in der Geistigen Welt einen Geistigen Körper. Und dieser ist *eine bewusste Schöpfung*; wir erbauen uns einen Logos-Körper im Prozess der geistigen Wiedergeburt.

Mit Hilfe des Logos-Körpers sind wir zu Erben eines Lebens in den Reichen göttlicher Unsterblichkeit geworden. Wir sind zu Bürgern des Reichs Gottes geworden, und werden zur Erde für neue Inkarnationen nicht mehr zurückkehren, es sei denn, es sei unser ausdrücklicher Wunsch. Geistige Wiedergeburt ist der wahre Durchbruch zum spirituellen Leben. Wir werden in das Königreich Gottes eingehen.

In den alten heidnischen Mysterien wurde ein Eingeweihter des höchsten Grades ein „Wiedergeborener" genannt. Die Dionysos-Mysten in Griechenland nannten sich „Zweimalgeborene". Denn sie wussten, es gibt eine Geburt in die Materie hinein und ebenso eine aus der Materie heraus. Und wie wird die Wiedergeburt im Geiste erlangt? Nicht durch irgendwelche okkulten Übungen, nicht durch Magie, auch nicht durch indischen Yoga – der führt uns nur bis zur Astralebene, nicht höher –, sondern allein durch unentwegtes spirituelles Streben, durch Gebet und, wie Hermes Trismegistos betont, durch die Gnade Gottes. Die Wiedergeburt ist ein Gnadenakt; sie kann nicht erzwungen werden. Nehmen wir sie zur rechten Zeit als ein Geschenk an, auf dass wir dadurch zu Söhnen Gottes werden!

Gottessohnschaft ist die höchste aller Würden. Der hermetische Sohn Gottes ist der Allverbundene, der mit Allem Geeinte. In seinem Wesen erfüllt sich die Einheit allen Seins. Tat sagt, nach erfolgter Wiedergeburt, zu Hermes: *„Gott hat mich als ein neues Wesen geschaffen, und ich nehme nun Dinge wahr nicht mehr durch das körperliche Sehvermögen, sondern allein durch die Kraft des Geistes. (....) Vater, nun da ich mit den Augen des Geistes sehen kann, sehe ich mich als das All. Ich bin im Himmel und auf der Erde, im Wasser und in der Luft, (....) ich bin überall anwesend."*[147] Wiedergeburt ist die Geburt des Logos-Menschen und somit die Gottwerdung. Der im Geiste Wiedergeborene ist der All-Geeinte, befreit von den Beschränkungen der dreidimensionalen Welt aus Raum und Zeit, Energie und Materie. Nur noch äußerlich einem Menschen ähnlich, ist er den Göttern in jeder Hinsicht gleichgestellt. Er wird immerdar im Lichte Gottes wandeln.

### Valentin Tombergs Hermetik-Begriff

Die christliche Hermetik Valentin Tombergs stellt im Wesentlichen eine Weiterentwicklung der Anthroposophie Rudolf Steiners dar, beinhaltet aber auch Gedankengut der jüdischen Kabbala und der russischen Sophia-Mystik. Dabei wird an die antike Hermetik, wenn überhaupt, nur indirekt angeknüpft. Eine wesentlich wichtigere Rolle spielt dagegen das *System der Tarot-Karten*, das ja nicht nur ein Kartenspiel ist, sondern eine Folge von Symbolbildern, die einen christlich-mystischen Einweihungsweg aufzeigen.

Der äußere Lebensweg Tombergs war geprägt durch die Wirren des Ersten und Zweiten Weltkriegs, durch Flucht, Vertreibung und Exil. Geboren in Sankt Petersburg, floh er nach der Oktoberrevolution nach Tallinn in Estland, siedelte dann 1938 nach Rotterdam über und lebte während des Zweiten Weltkriegs in den Niederlanden. Nach kurzem Aufenthalt in Deutschland ging er 1948 nach Reading südlich von London, wo er bis zu seiner Pensionierung 1960 für die BBC arbeitete. Die frühen 60er Jahre waren der Niederschrift seines Hauptwerkes gewidmet, *Die großen Arcana des Tarot*, das – seinem Willen entsprechend – erst nach seinem Tod unter einem Pseudonym erscheinen sollte.

Schon früh in seinem Leben wurden die Weichen für seine spätere spirituelle Entwicklung gestellt. Seit 1919/20 beschäftigte er sich in St. Petersburg mit dem Tarot, wurde aber auch schon mit den Schriften Rudolf Steiners bekannt. Im Jahre 1932 war er bereits Generalsekretär der Estnischen Anthroposophischen Gesellschaft. Durch zahlreiche Vorträge und Zeitschriften-Aufsätze in den 30er Jahren wurde er zu einer spirituellen Autorität, die Steiners Monopolanspruch als einzig authentischen Hellseher prinzipiell in Frage stellte. Daraufhin rief Steiners Witwe, Marie von Sievers, zum „unvermeidlichen Kampf" gegen den „wahnbefangenen" und „okkulten Lehrer" Tomberg auf und stellte die Weichen für seinen Ausschluss aus der Anthroposophie.

Tombergs weitere spirituelle Entwicklung führte ihn in eine andere Richtung. Er stellte von nun an mehr allgemein-mystische und christologische Aspekte in den Mittelpunkt. 1943 konvertierte Tomberg in die russisch-orthodoxe und 1945 in die römisch-katholische Kirche. Valentin Tonbergs Hauptwerk nennt sich *Meditationen über die Großen Arcana des Taro* – es sind *22 Briefe an den Unbekannten Freund*, die ein meditatives Hindurchgehen durch die 22 Großen Arkanas des Tarot darstellen. Hier gibt sich der Verfasser in aller Deutlichkeit als Hermetiker zu erkennen: „So hütet die Hermetik die lebendige Tradition, die gemeinsame Seele aller Kultur. Ich möchte hinzufügen: *Die Hermetiker lauschen auf – und vernehmen bisweilen – den Herzschlag des geistigen Lebens der Menschheit*. Sie können nicht anders, denn als Wächter des Lebens und der gemeinsamen Seele von Religion, Wissenschaft und Kunst zu leben. Sie haben keinerlei Vorrecht auf irgendeinem dieser Gebiete; die Heiligen, die wahren Gelehrten und die genialen Künstler sind ihnen überlegen. Sie aber leben für das Mysterium des gemeinsamen Herzens, das im Innersten aller Religionen, aller Philosophien, aller Künste und aller vergangenen, gegenwärtigen und zukünftigen Wissenschaften schlägt."[148] Aber was versteht Tomberg eigentlich unter Hermetik? Er versteht darunter die *Einheit von Mystik, Gnosis und Magie*, wobei er diese drei nicht als konkrete geistesgeschichtliche oder historische Strömungen auffasst, sondern als menschliche Potentiale, als Fähigkeiten, die der Natur des Menschen selbst innewohnen. Damit wird die Hermetik in eine gänzlich überhistorische Sphäre gerückt, sie ist nur noch ein Metapher für die eigene spirituelle Entwicklung, und sie umfasst (nach Tomberg) „alle, die in Sachkenntnis etwas über die geistige Wirklichkeit und über den Weg, der zu dieser Wirklichkeit führt, zu sagen hatten – alle die, um es mit anderen Worten zu sagen, Zeugen waren der Mystik, der Gnosis und der Magie, deren Einheit die Hermetik ist"[149].

Die Hermetk, so aufgefasst, würde zur Sinnes-Organisation des Menschen gehören; dabei sind die Sinne keine physischen Wahrnehmungs-Sinne, sondern geistige Erkenntnis-Organe. Die Hermetik wäre der vierte oder synthetische Sinn, der die drei anderen Sinne der Mystik, Gnosis und Magie zur Einheit zusammenbindet. Tomberg unterscheidet vier höher-geistige Sinne des Menschen, und umschreibt sie wie folgt: „Es handelt sich also um den Zusammenklang von vier verschiedenen 'Sinnen': des mystischen Sinnes oder des geistigen *Tastens*, des gnostischen Sinnes oder des geistigen *Hörens*, des magischen Sinnes oder des geistigen *Schauens* und endlich des philosophisch-hermetischen Sinnes oder des geistigen *Verstehens*. (...) Der Hermetiker ist also ein Mensch, der zugleich Mystiker, Gnostiker, Magier und realistisch-idealistischer Philosoph ist. Er ist *realistisch-idealistischer* Philosoph, weil er sich ebenso auf die Erfahrung wie auf das spekulative Denken stützt, ebenso auf die Tatsachen wie auf die Ideen. "[150]

Die für die Philosophie Valentin Tombergs maßgeblichen Begriffe *Mystik, Gnosis, Magie* und *Hermetik* werden nun folgendermaßen bestimmt und voneinander abgegrenzt: „So ist Mystik das Erwachen der Seele für die Wirklichkeit und Gegenwart Gottes (…) Gnosis ist, was das Bewusstsein von der mystischen Erfahrung und der Offenbarung von oben vernimmt. (…) Magie ist das Ins-Werk-Setzen dessen, was das Bewusstsein von Mystik und Gnosis empfangen hat (…). Hermetik ist das Leben des Denkens im gesamten Organismus von Mystik, Gnosis und Magie. Ihr Grundgesetz ist daher die Meditation …"[151]

## Auf der Suche nach dem Buch Thot

Im Zusammenhang mit der Frage nach dem Ursprung des Tarot kommt Tomberg auf das *okkulte Buch Thot* zu sprechen: „Die Verfasser, die im TARO das 'Geheiligte Buch des Thot' oder des Hermes Trismegistos sahen, hatten zugleich recht und unrecht. Sie hatten insofern recht, als sie die Entstehungsgeschichte des Wesens des TARO in das Altertum verlegten – und zwar in das ägyptische Altertum. Und sie hatten Unrecht, insofern sie glaubten, dass der TARO ein Erbe des alten Ägypten ist, d. h. dass er von Generation zu Generation überliefert wurde, wobei er nur geringfügige ikonographische Veränderungen erfuhr. (…) Aber unter ikonographischem Gesichtspunkt ist der TARO, wie gesagt, deutlich mittelalterlich."[152] In der Tat: Sieht man sich die Karten näher an, so ist ihre Herkunft aus dem späten Mittelalter wohl nicht zu bezweifeln; sie drücken in ihrer Bildwelt eindeutig eine ständisch-feudale Gesellschaftsordnung aus, wie sie in Europa bis zum Anbruch der Neuzeit uneingeschränkt geherrscht hat.

Daher ist es nicht besonders verwunderlich, dass der *Tarot von Marseille* aus dem Ende des 15. Jahrhunderts als das erste historisch nachgewiesene Tarotspiel gilt, wobei dieses in italienischen *Tarocchi-* Spielen besonders aus Venedig ihre Vorläufer hat. Als die älteste Vorform gilt das aus 17 Karten bestehende Spiel, das Gringonneur im Jahre 1392 für den König von Frankreich hergestellt hat.

Umso sonderbarer mutet es an, dass es Forscher gibt, die das Tarotsystem auf altägyptische Ursprünge zurückführen wollen. Es wird behauptet, dass der ägyptische Gott Thot oder Djehuti, der später zu Hermes Trismegistos wurde, die 78 Karten des Tarot in einem *Buch Thot* niedergelegt habe. Bei diesem Buch Thot handelt es sich aber um eine reine Mystifikation. Niemand hat es je zu Gesicht bekommen; es ist genauso fiktiv wie Tolkiens Chroniken von Mittelerde oder wie die Chroniken von Narnia. Das ist der Stoff, aus dem die Fantasy-Romane bestehen.

Es ist übrigens kein Geringerer als *Rudolf Steiner*, der den Ursprung des Tarot auf ein legendäres Buch Thot zurückführen will. Das tat er aber nicht als erster. Schon 1781 hatte *Antoine Court de Gébelin* die Symbole des Marseiller Tarot als Zeichen der Mysterien der ägyptischen Gottheiten Isis und Thot gedeutet. Beweise aus der Ägyptologie gibt es dafür jedoch nicht, weshalb der ägyptische Ursprung des Tarot wohl mit Recht bestritten werden kann.

Rudolf Steiner scheint das Buch Thot erstaunlich genau zu kennen. So, als ob er selbst täglich darin gelesen hätte. Er gibt folgende Beschreibung: „Das Buch des Thoth bei den Ägyptern bestand aus 78 Karten, die die Weltengeheimnisse enthielten. In der ägyptischen Einweihung kannte man dieses sehr wohl. Die Karten zum Kartenspiel rühren davon her. Die Bezeichnung König, Ritter, Turmwächter, Feldherrn sind okkulte Bezeichnungen. Diejenigen, die eingeweiht waren in die ägyptischen Mysterien, verstanden das Zeichen (das Symbol für Tarot) zu lesen. Sie verstanden auch das Buch Thoth zu lesen, das aus 78 Kartenblättern bestand, in welchen alle Weltgeschehnisse vom Anfang bis zum Ende, von Alpha bis Omega, verzeichnet waren und die man lesen konnte, wenn man sie in der richtigen Reihenfolge verband und zusammensetzte. Es enthielt in Bildern das Leben, das zum Tode erstirbt und wieder aufsprießt zu neuem Leben. Wer die richtigen Zahlen und die richtigen Bilder miteinander vereinen konnte, der konnte in ihm lesen. Und diese Zahlenweisheit, diese Bilderweisheit, wurde seit Urzeiten gelehrt. Sie spielte auch noch im Mittelalter eine große Rolle, zum Beispiel bei Raimundus Lullus, doch heute ist nicht mehr viel davon vorhanden.“[153]

Nach Rudolf Steiner hat der baltisch-deutsche Mystiker und Schriftsteller Woldemar von Uxkull (1860–1952) auf das Buch Thot aufmerksam gemacht. In seinem Buch *Eine Einweihung im alten Ägypten* (1922) gibt er eine ausführliche, durchweg mit eigener Phantasie ausgeschmückte Schilderung einer Initiation im alten Ägypten, die sich auf die 22 Bilder der Großen Arkanas des Tarot gründet. Im Vorwort des Buches schreibt Uxkull: „In diesem Buche schildere ich die Einweihung eines Jünglings in die alt-ägyptischen Mysterien und zwar in erzählender Form, so, dass der Leser den Hergang miterlebt. Diese Arbeit ist teils die Frucht von Studien in Werken von Okkultisten und Mystikern, teils das Resultat der Einfühlung meiner Phantasie in diesen Gegenstand. Die ‚Einweihung‘ besteht aus drei Teilen. Der erste Teil heißt ‚Die Prüfungen‘. In ihm hat der Neophyte die Prüfungen zu bestehen, durch die er den Beweis liefert, dass er Mut und Selbstbeherrschung hat und würdig ist, die Einweihung zu erleben. Der zweite Teil des Werkes heißt ‚Der Unterricht‘. Er findet statt in der großen Tempelhalle, in der 22 Wandgemälde, das sogenannte Buch Thoth, gleichsam die Etappen des Unterrichts darstellen. (....) Im dritten Teil des Werkes wird im Laufe von zwölf Nächten der Geist des Jünglings von seinem Führer durch die verschiedenen Regionen der unsichtbaren Welt geführt, während sein Körper entseelt, aber nicht unbelebt hinter dem Altar unter dem Mantel des Oberpriesters ruht. Jeden Morgen jedoch erklärt der Hohepriester dem Jüngling je eines der zwölf letzten Bilder des Buches Thoth, um am letzten Tag den feierlichen Segen über den Neueingeweihten auszusprechen, der in kurzer Form die Hauptlehren, die das ganze Buch enthält, wiedergibt."[154] Bei der Schilderung des Einweihungsvorgangs schöpft der Autor Woldemar von Uxkull nicht aus wissenschaftlichen Quellen, sondern aus seiner eigenen Phantasie.

Sucht man heute nach einer philologisch exakten Übersetzung des Buches Thot in irgendeiner Fachbibliothek, so wird man wohl kaum fündig werden Es existiert eben einfach nicht. Dennoch hat sich der Mythos vom Buch Thot erstaunlich lange gehalten. Er geht auf das 18. Jahrhundert zurück, auf eine Zeit also, als jegliche Wissenschaft noch in den Kinderschuhen steckte und man über Ägypten so gut wie nichts wusste. Neben dem bereits erwähnten Court de Gebelin war es ein gewisser *Etteilla*, der im Jahre 1783 ein Buch veröffentlichte mit dem Titel *Maniére de se Recréer avec le Jeu des Cartes nommées Tarot*. Er schreibt dort, dass das Buch Thot 171 Jahre nach der Sintflut und vor 3953 Jahren verfasst wurde – und zwar von einem gewissen Tri-Merkur (das soll wohl Hermes Trismegistos sein).

Hören wir nun, was der große Magier und Okkultist *Eliphas Lévi* (1810–1875) über das Thema zu sagen hat. Er lehnt den ägyptischen Ursprung der Tarotkarten rundweg ab; ganz richtig leitet er die Karten aus den mystischen Traditionen des Judentums her, indem er die 21 Arkanas als die Verbindungswege zwischen den 9 Sephiroth des kabbalistischen Lebensbaumes deutet. Auch zu dem Buch Thot nimmt Eliphas Lévi eine sehr differenzierte Stellung ein. Er sagt: „Dieses hieroglyphische Alphabet (…) ist das berühmte Buch Thoth, von dem *Court de Gebelin* vermutet, es habe sich in Gestalt des seltsamen Kartenspiels, des Tarock, bis auf unsere Tage erhalten. (…) Unter den Trümmern Ägyptens ist es tatsächlich noch vorhanden, und der merkwürdigste und vollkommenste Schlüssel zu ihm ist in dem großzügigen Werk des Paters *Kircher* über Ägypten enthalten. Es handelt sich hierbei um die Abschrift einer Isistafel aus dem Besitz des berühmten Kardinals *Bembo*. Diese leider verloren gegangene Tafel war aus Kupfer und hatte eingelegte Emailfiguren. Kircher gibt von ihr eine genaue Abschrift, und dieser gelehrte Jesuit vermutet, (…) dass sie den hieroglyphischen Schlüssel der heiligen Alphabete enthält."[155]

Eliphas Lévi setzt also das Buch Thot mit der Isistafel des Kardinals Bembo gleich. Was ist das nun für eine Tafel? Die *Mensa Isiaca*, wie man sie auch nennt, ist eine aufwendige Tafel aus Bronze mit Emaille und Silbereinlage, höchstwahrscheinlich römischen Ursprungs, aber durchaus den ägyptischen Stil nachahmend. Sie wurde in der Renaissance nach Kardinal Bembo benannt, einem berühmten Antiquar, der sie nach der Plünderung Roms 1527 erwarb. Zu einer Zeit, als man die ägyptischen Hieroglyphen noch nicht entschlüsselt hatte, erregte diese Isistafel großes Aufsehen in Europa. Athanasius Kircher, der gelehrte Jesuit, veröffentlichte sie in seinem Werk *Oedipus Aegyptiacus* (1652). Seitdem hat sie zu zahlreichen Spekulationen Anlass gegeben. Da die Tafel jedoch römischen Ursprungs ist – sie stammt ver-

mutlich aus der 2. Hälfte des 1. Jahrhunderts n. Chr. –,
stellt sie kein ägyptisches Original dar. Die auf ihr dargestellten Hieroglyphen sind nicht echt, sondern nur
schmückendes Beiwerk, reines Design ohne Sinn und
Bedeutung. Die Götter auf der Tafel sind nicht als ägyptische identifizierbar. Alles in allem ist die Isistafel nur
ein Schmuckstück, nicht jedoch ein authentisches Dokument der altägyptischen Religion.

Und was den Ursprung des Tarot betrifft, so kommt
Eliphas Lévi zu dem Schluss: „Das Alphabet des Buches
Thoth ist nur auf Umwegen das Original unseres Tarock. Unser Tarock ist jüdischen Ursprungs und die Figurentypen gehen höchstens auf die Zeit Karls VII. zurück."[156] Das klingt schon sehr ernüchternd – Karl VII.
war von 1422 bis 1461 König von Frankreich. Die Tarotkarten sind demnach ihrem Ursprung nach spätmittelalterlich; das ihnen zugrunde liegende System ist sicherlich in der jüdischen Kabbala zu finden.

Auf Grund dieses Sachverhalts ist Tomberg der Überzeugung, dass das Buch Thot eben kein literarisches
Buch ist, das man irgendwo auffinden kann – sondern
es befindet sich, gleich der Akasha-Chronik, in einer übergeschichtlichen und überirdischen Sphäre. Ja, es ist
Tomberg zufolge „magisch eingeprägt in eine Region
zwischen Himmel und Erde"[157], und insofern stellt es
kein physisches Buch dar, das man mit den Händen
greifen könnte.

# Hermes Trismegistos als Wegbereiter des Weltenwortes

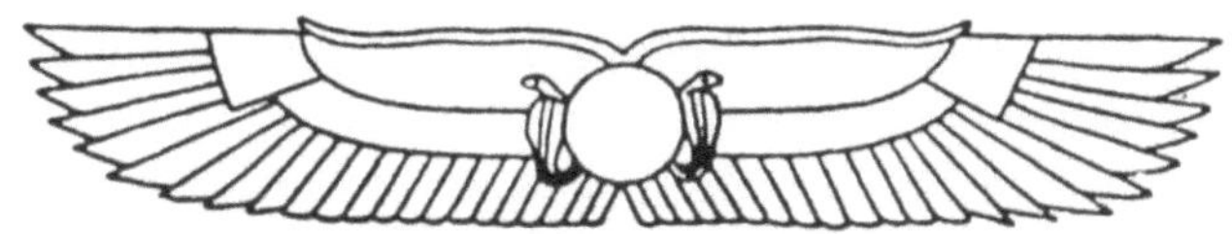

Der historische Hermes Trismegistos, der vor langer Zeit auf dieser Erde wirkte, war die Inkarnation einer universellen Wesenheit, des Hermes-Logos. Ähnlich wie in unserem Sonnensystem der Planet Merkur der Sonne am nächsten steht, so befindet sich in der Geistigen Welt der Hermes-Logos in größter Nähe zum Kosmischen Christus. Der Kosmische Christus ist das Weltenwort und der universelle Hermes-Logos der Vermittler des Weltenwortes.

Der Kosmische Christus als der wahre Ur-Logos entspricht dem, was in unserem System die Sonne darstellt – die intelligible Sonne, das intelligible Licht, die Strahlkraft und der Urquell. In jeder Sonne lebt das Ursonnenhafte, in jedem Lichtstrahl das Urlicht. Und das Urlicht ist zugleich auch das Urwort. Das Schöpfungsurwort, das einst lautete: *Fiat lux – Es werde Licht!*.

In unserem Sonnensystem sind Merkur und Venus sonnennahe Planetengeister und daher primäre Empfänger des Logos-Lichts. Deswegen muss Hermes Trismegistos, der gesegnete Dreimalgrößte, als Er auf der Erde weilte, als ein Wegbereiter des Kosmischen Christus gelten. Er sollte eine esoterische Universalreligion begründen, die zu einem vertieften Verständnis der kosmischen Christusenergie hinführen kann. Diese Theosophie des Hermes hätte zum offiziellen Lehrgut der Kirche werden können – nicht der irdischen Machtkirche, sondern der pneumatischen Geistkirche, deren Haupt niemand anderer ist als der Christus-Logos selbst. Darum lasst uns am Tempel der wahren *Eklesia spiritualis* bauen, der Hermetischen Geistkirche, in der nicht mit irdischem Wasser, sondern mit dem Pneuma des Heiligen Geistes getauft wird!

# Zitatnachweis


[1] Walter Beltz, *Die Schiffe der Götter*, Berlin 1987, S. 97,f.

[2] Edouard Schuré, *Die Großen Eingeweihten*, München 1976, S. 113.

[3] Ich zitiere die hermetischen Quellentexte aus folgender Ausgabe: Manfred Ehmer, *Das Corpus Hermeticum. Übersetzung und Kommentar*, 3. Aufl. Hamburg 2021, Band 7 in der Buchreihe *edition theophanie*. Im Folgenden zitiert als: *Corpus Hermeticum*. Ebenda S. 175-76.

[4] Eric Hornung, *Das esoterische Ägypten*, München 1999, S. 54.

[5] Wolfgang Golther, *Handbuch der germanischen Mythologie*, Wiesbaden 2013, S. 359.

[6] H. P. Blavatsky, *Die Geheimlehre*, Band 3, Den Haag o. J., S. 30.

[7] *Corpus Hermeticum*, S. 230-31 (*Kore Kosmou*).

[8] Annie Besant, *Uralte Weisheit*, Graz 1957, S. 219.

[9] Gottfried von Purucker, *Die Meister und der Pfad des Okkultismus*, 3. Aufl. Hannover 1990, S. 12 ff.

[10] zt. nach Julius Evola, *Die Hermetische Tradition*, Interlaken 1989, S. 246.

[11] Ebenda.

[12] Augustinus, *Der Gottesstaat*, Paderborn 1979, S. 379.

[13] Asclepius, in: *Corpus Hermeticum* S. 204.

[14] Edouard Schuré, *Die Großen Eingeweihten*, München 1976, S. 113.

[15] Novalis, *Im Einverständnis mit dem Geheimnis*, Freiburg 1980, S. 34.

[16] Maria Szepes, *Die geheimen Lehren des Abendlandes*, München 2001, S. 55 /58.

[17] Artur Schult, *Astrosophie* Band 1, Bietigheim 1986, S. 60.

[18] Ebenda, S. 60.

[19] F. W. Zeylmanns van Emmichhoven, *Rudolf Steiner*, Stuttgart o. J. , S. 115.

[20] Eliphas Levi, *Geschichte der Magie*, München 2001, S. 10.

[21] Zt. nach: *Die Apokryphen*, Augsburg 1999, S. 330-31.

[22] Zt. nach: Christopher Knight / Robert Lomas, *Uriels Auftrag. Das Buch Enoch, die Freimaurer und das Geheimnis der Sintflut*, München 2001, S. 51.

[23] Ebenda, S. 52.

[24] *Corpus Hermeticum*, S. 148, 150.

[25] H. P. Blavatsky, *Die Geheimlehre*, Band II, S. 64.

[26] Zt. nach Eliphas Levi, *Geschichte der Magie*, S. 47.

27 *Die Geheimlehre*, Band II, S. 377 / 78.

28 *Corpus Hermeticum*, S. 152.

29 *Corpus Hermeticum*, S. 203. (Aus dem hermetischen Dialog *Asclepius*).

30 *Kybalion*, Sauerlach 1997, S. 21.

31 *Die Anfänge der abendländischen Philosophie*. Fragmente der Vorsokratiker, München 1991, S. 50 ff.

32 Zt. nach B. L. van der Waerden, *Die Pythagoreer*, Zürich / München 1979, S. 44 ff.

33 Ebenda, S. 36 ff.

34 Platon, *Sämtliche Werke*, Band 5, S. 149.

35 *Corpus Hermeticum* S. 204-5.

36 Emil Nack, *Ägypten*, Wien 1962, S. 51-52.

37 H. P. Blavatsky, *Die Geheimlehre*, Band 2, S. 447.

38 Ebenda, S. 445.

39 Zt. nach Erdogan Ercivan, *Das Sternentor der Pyramiden*, 3.Aufl. München /Essen 2000 S. 148.

40 Ebenda, S. 238.

41 E. Zeller, *Die Philosophie der Griechen in ihrer geschichtlichen Entwicklung*, Dritter Teil / Zweite Abteilung, 6. Aufl. Darmstadt 1963, S. 244.

42 *An die menschliche Seele*, Leipzig 1870, S. VIII.

43 *Corpus Hermeticum*, S. 127.

44 *Corpus Hermeticum*, S. 155.

45 *Corpus Hermeticum*, S. 121-22.

46 *Corpus Hermeticum*, S. 134.

47 *Corpus Hermeticum*, S. 91-92.

48 Ebenda.

49 *Corpus Hermeticum*, S. 108.

50 *Corpus Hermeticum*, S. 156.

51 Ebenda, S. 160.

52 Ebenda, S. 219.

53 *Feurige Welt* II, § 16.

54 Novalis, *Im Einverständnis mit dem Geheimnis*, Freiburg 1980, S. 40.

55 *Feurige Welt* III, § 67.

56 H. P. Blavatsky, *Die Geheimlehre*, Band 1, S. 291.

57 Zt. n. Paracelsus, *Mikrokosmos und Makrokosmos*, Wiesbaden 1994, S. 37 (Einleitung von Helmut Werner).

58 *Das Große Lesebuch der Mystiker*, München 1993, S. 205.

59 *Corpus Hermeticum*, S. 111–114.

60 Ebenda, S. 114–115.

61 *Das Große Lesebuch der Mystiker*, S. 214.

62 Ebenda, S. 119.

63 *Das lebendige Wort*, hg. v. G. Mensching, Dreieich 1980, S. 382.

64 H. D. Betz, *The Delphic Maxime gnothi seauton in Hermetic Interpretation*. In: Havard Theogical Review 63 / 1970, S. 465-484.

65 *Corpus Hermeticum*, S. 119–120.

[66] *Corpus Hermeticum*, S. 125.
[67] Novalis, *Historisch-kritische Ausgabe*, Band 1, Stuttgart 1960, S. 404.
[68] *Corpus Hermeticum*, S. 130.
[69] Platon, *Der Staat*, Sechstes Buch, XIX.
[70] *Corpus Hermeticum*, S. 130.
[71] Ebenda, S. 131.
[72] Herodot, *9 Bücher zur Geschichte*, Wiesbaden 2004, S. 204 (II,123).
[73] Johann Wolfgang Goethe, *Werke*, Erste Band, Frankfurt 1981, S. 377-78.
[74] *Corpus Hermeticum*, S. 131-132.
[75] Novalis, *Historisch-kritische Ausgabe*, Band 1, S. 404.
[75] Plotin, *Enneade* IV / 8.
[76] *Corpus Hermeticum*, S. 132.
[77] *Die Vorsokratiker*, ausgewählt und eingeleitet von Wilhelm Nestle, Köln / Düsseldorf 1956, S. 140-41.
[78] *Corpus Hermeticum*, S. 132.
[79] Inge Wedemeyer (Hg.), *Die Goldenen Verse des Pythagoras*, 3. Aufl. Heilbronn 1988, S. 22.
[80] *Corpus Hermeticum*, S. 132.
[81] William Q. Judge, *Das Meer der Theosophie*, 4. Aufl. Hannover 1987, S. 91 / 92.
[82] Otto Holzapfel, *Lexikon der abendländischen Mythologie*, Freiburg 1993, S. 21.
[83] *Corpus Hermeticum*, S. 91-92.
[84] *Corpus Hermeticum*, S. 134.
[85] Annie Besant, *Uralte Weisheit*, Graz 1957, S. 45.
[86] *Corpus Hermeticum*, S. 135.
[87] Ebenda, S. 137-38.
[88] Pico della Mirandola, *Über die Würde des Menschen*, Zürich 1988, S. 10.
[89] *Corpus Hermeticum*, S. 146.
[90] Plotin, *Enneade* 16 / 1.
[91] *Goethes Gedichte in zeitlicher Folge*, Frankfurt 1982, S. 556.
[92] Novalis, *Werke in zwei Bänden*, Köln 1996, Bd. 2, S. 356.
[93] *Corpus Hermeticum*, S. 156.
[94] Ebenda, S. 156.
[95] Ebenda, S. 157.
[96] Ebenda, S. 159-60.
[97] *Upanishaden – Die Geheimlehre der Inder*, Köln 1877, S. 55.
[98] Ebenda, S. 168.
[99] *Corpus Hermeticum*, S. 160.
[100] *Die Vorsokratiker. Ausgewählt und eingeleitet von Wilhelm Nestle*, Wiesbaden o.J., S. 138.
[101] *Corpus Hermeticum*, S.164.
[102] *Corpus Hermeticum*, S. 170.
[103] Robert Fludd, *Utriusque Cosmi*, Bd. 1.
[104] *Corpus Hermeticum*, S. 170-71.
[105] *Corpus Hermeticum*, S. 171.
[107] *Corpus Hermeticum*, S. 140.
[108] *Corpus Hermeticum*, S. 90.
[109] *Corpus Hermeticum*, S. 105.
[110] *Corpus Hermeticum*, S. 154-55.

111 *Corpus Hermeticum*, S. 93.

112 *Corpus Hermeticum*, S. 134.

113 Zt. nach S. Klossowski de Rola, *Alchemie*, München / Zürich 1974, S. 24.

114 Ebenda, S. 25.

115 *Corpus Hermeticum*, S. 137.

116 *Corpus Hermeticum*, S. 174.

117 *Corpus Hermeticum*, S. 203.

118 Ebenda, S. 211-12.

119 Ebenda, S. 213.

120 Zt. nach Klossowski de Rola, *Alchemie*, S. 103.

121 Ebenda, S. 17/18.

122 A. Silesius, *Der Cherubinische Wandersmann*, Wiesbaden 1949, S. 2.

123 Gerhard Wehr (Hg.), *Die Bruderschaft der Rosenkreuzer*, München 1991, S. 73.f.

124 Klossowski de Rola, S. 8.

125 A. Coudert, *Der Stein der Weisen*, Herrsching 1992, S. 28.

126 Giordano Bruno, *Von der Ursache, vom Prinzip und vom Einen*, Leipzig 1984, S. 115.

127 *Corpus Hermeticum*, S. 197.

128 Pico della Mirandola, *Über die Würde des Menschen*, 3. Aufl. Zürich 1992, S. 46 / 47.

129 Ebenda, S. 93.

130 Ebenda, S. 7.

131 Ebenda, S. 10 ff.

132 Zt. nach Ernst Cassirer, *Individuum und Kosmos in der Philosophie der Renaissance*, Leipzig / Berlin 1927, S. 92.

133 Gerhard Wehr (Hg.), *Die Bruderschaft der Rosenkreuzer*, Köln 2007, S. 67.

134 Zt. nach E. Lennhoff / O. Posner / D. Binder, *Internationales Feimaurerlexikon*, München 2000, S. 62.

135 H. P. Blavatsky, *Isis entschleiert I*, Hannover 2000, S. XXIV.

136 H. P. Blavatsky, *Die Geheimlehre III*, Den Haag o. J., S. 30.

137 H. P. Blavatsky, *Die Geheimlehre*, Hamburg 2003, S. 36.

138 H. P. Blavatsky, *Isis entschleiert II*, Hannover 2000, S. 320.

139 *Kybalion*, Sauerlach 1997, S. 21.

140 Rudolf Steiner, *Wendepunkte des Geisteslebens*, Dornach 1984, S. 59.

141 Thorwald Dethleffsen, *Schicksal als Chance*, München 1985, S. 28.

142 K. O. Schmidt, *In Dir ist das Licht*, München 1959, S. 39.

143 Erik Hornung, *Das esoterische Ägypten*, S. 206.

144 *Corpus Hermeticum*, S. 89,ff.

145 *Corpus Hermeticum*, S. 90.

146 *Corpus Hermeticum*, S. 156.

147 *Corpus Hermeticum*, S. 160.

148 *Meditationen über die Großen Arcana des Taro. 22 Briefe an den Unbekannten Freund,*

Steinbergkirche-Neukirchen 2020, S. 16.

[149] Ebenda, S. 408.

[150] Ebenda, S. 93-94.

[151] Ebenda, S. 295.

[152] Ebenda, S. 260.

[153] GA 265, S. 361,ff.

[154] *Eine Einweihung im alten Ägypten. Nach dem Buch Thot geschildert*, Berlin 1922.

[155] E. Lévi, *Geschichte der Magie*, München 2001, S. 84-85.

[156] Ebenda, S. 86.

[157] *Meditationen*, S. 262.

# Dr. Manfred Ehmer

Dr. Manfred Ehmer hat sich als wissenschaftlicher Sachbuchautor darum bemüht, die großen kulturgeschichtlichen Zusammenhänge aufzuzeigen und die archaischen Weisheitslehren für unsere Zeit neu zu entdecken. Mit Werken wie *Die Weisheit des Westens, Gaia* und *Heilige Bäume* hat sich der Autor als gründlicher Kenner der westlichen Mysterientradition erwiesen, mit *Das Corpus Hermeticum* einen Grundtext der spirituellen Philosophie vorgelegt. Die von ihm übersetzten *Chaldäischen Orakel* sind als ein wichtiges Dokument abendländischer Magie zu werten. Daneben steht eigene Dichtung, in dem Band *Sphärenharfe,* sowie lyrische Nachdichtungen etwa des berühmten *Hyperion* von John Keats oder des vedischen *Hymnus an die Mutter Erde.* Besuchen Sie den Autor auf seiner Internetseite:

https://www.manfred-ehmer.net

# Der Theophania Verlag stellt sich vor

Theophania bedeutet „die Erscheinung Gottes" (von altgriechisch theós/θεός = Gott + phainein/φαίνειν = erscheinen/ans Licht bringen/offenbaren).

Der Theophania Verlag möchte in seinen Publikationen aufzeigen, in welchen Erscheinungsformen sich Gott oder die Götter in der Menschheits-Geschichte offenbart haben. Die thematischen Schwerpunkte des Verlages sind *Hermetik, Neuplatonismus, die westliche Mysterientradition, Theurgie* und *Theosophie.*

Daneben gibt es die Schwerpunkte *spirituelle Ökologie, Geomantie, Kultplätze, Traditionen der Naturreligion* und der *Mutter-Erde-Verehrung* in Europa. Einen weiteren Unterschwerpunkt stellen Übersetzungen und lyrische Nachdichtungen dar.

Unsere Buchreihe *edition theophanie* ist in erster Linie der hermetisch-neuplatonischen Tradition geweiht. Sie versucht, dieses gewaltige Erbe des Abendlandes aufzuarbeiten und in die Geisteskultur der Gegenwart einfließen zu lassen.

Dank einer Kooperation mit einem sehr effizienten Dienstleister sind wir in der Lage, den Buchmarkt flächendeckend zu bedienen. Ob im nächsten Buchladen, bei den großen Filialisten oder in Online-Shops, die Bücher aus unserer Produktion sind überall zu finden. Sie sind in den wichtigsten Volltextsuchen und im Verzeichnis lieferbarer Bücher (VLB) angezeigt. Alle Bücher aus unserem Verlagsprogramm sind in den drei Formaten Softcover, Hardcover und E-Book verfügbar.

Wir sind allerdings kein Autorenverlag. Angehende Autoren wollen wir bitten, uns nicht Manuskripte zur Veröffentlichung zuzusenden.

Die Bücher aus unserem Theophania Verlag sind keine Massenprodukte. Ein gediegenes Design, hohes inhaltliches Niveau und kleine Auflagen – das sind die Kennzeichen der Bücher unseres Verlages.

Der Theophania Verlag ist ein Imprint der Firma *tredition GmbH*, Heinz-Beusen-Stieg 5, 22926 Ahrensburg, Germany.

Buchbestellung:

Unsere Bücher sind auf allen Buch-Onlineportalen erhältlich. Vorzugsweise bestellen Sie jedoch bei

**https://shop.tredition.com**